뜨거워진 지구,
ESG로 식혀라!

뜨거워진 지구, ESG로 식혀라!

ⓒ 지용승, 2025

초판 1쇄 발행 2025년 4월 24일

지은이	지용승
펴낸이	이기봉
편집	좋은땅 편집팀
펴낸곳	도서출판 좋은땅
주소	서울특별시 마포구 양화로12길 26 지월드빌딩 (서교동 395-7)
전화	02)374-8616~7
팩스	02)374-8614
이메일	gworldbook@naver.com
홈페이지	www.g-world.co.kr

ISBN 979-11-388-4210-5 (03320)

- 가격은 뒤표지에 있습니다.
- 이 책은 저작권법에 의하여 보호를 받는 저작물이므로 무단 전재와 복제를 금합니다.
- 파본은 구입하신 서점에서 교환해 드립니다.

―― 기후위기 시대, 지속가능한 사회의 해법 ――

뜨거워진 지구, ESG로 식혀라!

지용승 지음

좋은땅

프롤로그

"우리의 미래는 안전한가?"

지난 몇 년간 기후변화는 더 이상 먼 미래의 이야기가 아니라, 매일 우리 삶을 흔드는 현실이 되었다. 2024년 여름 기록적인 폭염으로 전 세계 곳곳에서 사람들이 쓰러졌고, 예상치 못한 난기류로 항공기가 흔들리며 승객들이 공포에 떨었다. 2024년 12월 29일 무안국제공항에서 착륙하던 제주항공기 충돌 사고 역시 기후변화로 인한 조류 생태 변화가 원인일 수 있다는 분석이 나오고 있다. 장바구니 물가마저 기후변화로 요동치면서 '기후플레이션(Climate Inflation)'이라는 신조어가 생겼다. 이처럼 기후위기는 이제 우리의 일상과 경제, 안전까지 깊숙이 파고들고 있다.

이러한 상황에서 최근 트럼프 미국 대통령이 자동차, 철강, 반도체 등 우리 주요 수출 산업에 대한 고율 관세 부과를 거론하며, 한국 기업들의 대외환경은 더욱 어려워지고 있다. 기후위기에 대응하며 탄소 감축 목표를 맞춰야 하는 와중에, 무역장벽까지 높아지며 이중고를 겪고 있는 것이 지금 우리 기업들의 현실이다.

필자는 이러한 변화의 한가운데서, 2023년 말부터 매주 교통방송(tbn)을 통해 시민들과 함께 ESG(Environment 환경, Social 사회, Governance

지배구조)와 기후변화를 이야기해 왔다. 현장에서 체감한 기업들의 고충, 정책 변화에 긴장하는 경영자들의 목소리, 그리고 무엇보다 기후위기를 직접 겪고 있는 시민들의 생생한 증언들이 라디오를 통해 전해졌다.

기업들은 생존을 위해 ESG 경영으로 전환하고 있다. 글로벌 기업들은 협력사에도 탄소 감축을 요구하며, 자동차, 철강, 반도체 등 우리 주력 산업은 탄소국경세와 공급망 규제에 맞서야 하는 상황이다. 시민들은 생활 속 작은 실천으로 탄소중립포인트를 모으고, 10대 청소년들은 '기후법정'에서 정부를 고발하며 미래를 지키려 나서고 있다. K-POP 스타들조차 탄소 감축에 앞장서고, 이들 팬들도 기후행동에 동참하고 있다. 세상은 이렇게 변하고 있다.

이 책은 그동안 진행한 인터뷰를 토대로 기후위기와 ESG, 지속가능성을 둘러싼 생생한 현상 목소리를 담았다. 특히 방송에서 오갔던 대화와 질문, 시민과 전문가들의 반응을 그대로 살려 구성했다. 어렵고 낯설게 느껴질 수 있는 ESG와 탄소중립, 생물다양성 같은 전문 용어들도 현장에서 주고받은 설명과 사례를 그대로 녹여 냈기에, 누구나 쉽게 이해할 수 있도록 풀어냈다.

책장을 넘기며 독자들은 기후위기가 얼마나 우리의 삶을 흔들고 있는지, ESG가 왜 기업과 사회의 생존 전략이 되었는지, 그리고 시민들의 작은 목소리가 어떻게 세상을 바꾸고 있는지 확인하게 될 것이다. 우리가 매일 접하는 뉴스의 이면에 어떤 흐름이 있는지, 그리고 이 거대한 변화 속에서 정부, 기업, 시민사회가 어떻게 대응해야 하는지 그 길잡이가 되기를 바란다.

더 이상 머뭇거릴 시간이 없다. 이 책이 여러분의 삶과 일터, 그리고 미래를 지키기 위한 작은 출발점이 되기를 바란다.

저자 지용승

2025. 2. 19.

고창군 부안면 용산용홍에서

목차

프롤로그　　　　　　　　　　　　　　　　　　　　　　　　5

I 기후위기, 지금 우리는 어디에 있는가!
: 기후위기의 심각성과 우리가 직면한 현실

폭염부터 바이러스까지, 기후가 우리 몸을 습격한다　　　　12
대왕고래, 기후위기를 부추긴다　　　　　　　　　　　　　20
마른하늘에 비행기 흔드는 난기류: 그 배후에 기후변화가 있다　27
'기후플레이션'의 시대, 기후가 물가를 뒤흔든다　　　　　　34
기후위기, 한 표로 바꿀 수 있다면?　　　　　　　　　　　　42
미국 백악관 주인이 지구의 온도를 바꾼다?　　　　　　　　49

II ESG, 기업의 생존전략이 되다
: 기업들이 ESG를 통해 위기를 돌파하고 있는 성공 예시와 과제

망할 기업 vs. 뜨는 기업, ESG가 갈랐다　　　　　　　　　58
2024년, ESG 없는 기업은 퇴출이다　　　　　　　　　　　64
죽은 지구에 음악은 없다　　　　　　　　　　　　　　　　70
과자봉지가 지구를 구한다고?　　　　　　　　　　　　　　77
반도체 왕국이 무너진다: 기후위기의 반격　　　　　　　　85
반도체 공장에도 탄소 성적표가 붙는다　　　　　　　　　　92
ESG 경영, 돈 버는 길일까? 돈 새는 길일까?　　　　　　　99
영화관도, 백화점도… ESG가 라이프 스타일이 된다　　　106

Ⅲ 법과 규제가 움직인다 - ESG는 선택이 아니다
: 정책 변화와 기업 경영 환경의 변화

한국 수출기업에 탄소 족쇄가 채워진다	116
나무 베다 감옥 간다? ESG 시대의 법	124
협력사도 탈탄소 안 하면 끝장난다	131
숲과 멸종동물까지… 기업 보고서에 등장하다	138
친환경 사기 치다 100억 날린 기업들	145
돈줄도 ESG로 흐른다: 투자판의 대변혁	153
글로벌 큰손들이 움직이다: ESG에 돈이 몰린다	162
이제 ESG 성적표 없으면 주식도 못 판다	167

Ⅳ 시민과 청취자의 힘
   - 작은 목소리가 세상을 바꾼다
: 시민·청취자의 실천과 기후행동

장바구니 할인받고 지구도 지킨다	178
정부를 법정에 세운 10대들: 기후정의 전쟁	184
월드투어가 남긴 탄소발자국: K-POP의 두 얼굴	192
BTS도 친환경, 블랙핑크도 탄소 감축 중!	200
연봉보다 ESG? MZ 세대가 바꾸는 취업 공식	208

Ⓥ 기후위기, ESG로 돌파하라
- 지속가능한 미래를 위한 제언

넷플릭스에서 ESG를 배운다?	216
공기 중에서 탄소를 빨아들인다: 탄소포집기술의 모든 것	225
기후위기 vs. 표심: 정치가 ESG를 흔든다	231

에필로그	239

I

기후위기,
지금 우리는 어디에 있는가!

: 기후위기의 심각성과 우리가 직면한 현실

폭염부터 바이러스까지, 기후가 우리 몸을 습격한다

1. 요즘 날씨 너무 덥고, 기후변화 심각하다고들 하는데... 정말 그렇게 위험한가요?

기후변화로 인해서 지구의 온도가 상승하고 있는데요. 전문가들은 2050년까지 전 세계 인구 20% 이상이 종말을 맞을 수도 있다고 예측하고 있습니다. 이런 기후변화가 전 세계적으로 다양한 질병의 유병률, 전염 그리고 확산에 심각한 영향을 미치고 있는데요. 이렇게 변화하는 기후 환경 조건과 질병과의 역학 사이에 복잡한 상호작용이 점점 더 분명해지고 있습니다. 오늘은 이와 관련한 내용 말씀드리도록 하겠습니다.

2. 2050년까지 지구 인구의 20% 이상이 종말을 맞을 수 있다. 너무 무서운데요. 너무 겁주시는 것 아닌가요? 기후변화가 그만큼 우리 건강을 위협하고 있다는 얘기가 될 텐데 구체적으로 어떤 내용입니까?

네, 2023년 세계보건기구 WHO가 경고했는데요. 기온 상승과 강수량의 변화 그리고 공기 질이 악화되고 폭염에 노출되면 열사병이라든지 탈

수 그리고 심혈관과 호흡기 질환과 같은 다양한 질병들이 건강을 위협할 수 있다고 경고했습니다. 그리고 특히 앞으로 수십 년 동안 2억 명 이상이 넘는 노인들이 이런 극심한 더위 때문에 건강 위험에 직면할 것이라고 합니다.

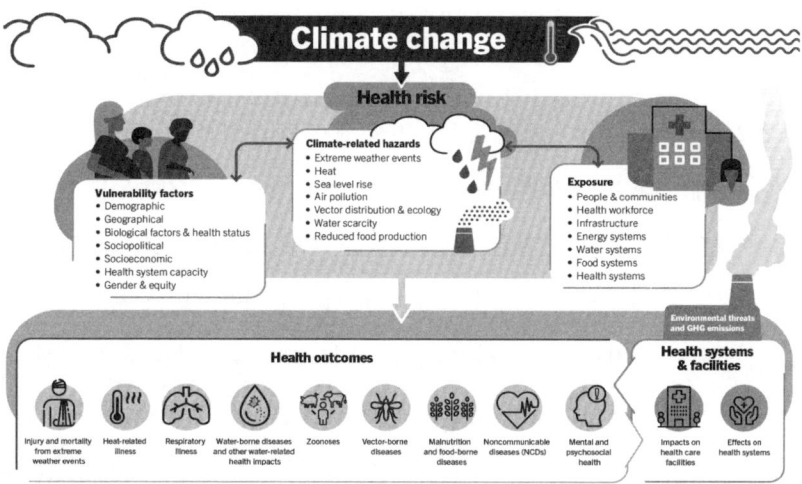

자료: WHO, 2023. 10. 12. [기후변화] 기후에 민감한 건강 위험, 노출 경로 및 취약성 요인에 대한 개요. 기후변화는 직간접적으로 건강에 영향을 미치며, 환경, 사회 및 공중보건 결정 요인에 의해 강력하게 매개된다.

3. 아무래도 취약계층이 더 위험할 수밖에 없으니까요? 폭염 같은 극심한 기후변화가 우리를 위협한다는 것인데 지금 어느 정도로 심각한가요?

기후변화로 인해 지구 온도가 상승하면서 각종 바이러스, 박테리아 그리고 기생충이 더 쉽게 그리고 전에는 나타나지 않은 지역이나 장소로도 퍼질 수 있는데요. 네이처 클라이밋 체인지(Nature Climate Change)에서 발표된 연구를 보면 375개 전염병 중에 218개, 51%가 기후변화로 인해서 악화되었다고 합니다. 불규칙한 기상 조건들이 콜로라 발병을 일으키는데요. 이런 기후변화들이 치명적인 질병을 발병시키는 적합한 환경 조건을 초래한다는 것입니다.

4. 교수님, 기후변화로 인해서 치명적인 질병이 발생한 사례들이 있습니까?

2023년 WHO는 뎅기열이 확산되면서 세계 인구 절반이 질병에 걸릴 위험에 처해 있다고 경고했는데요. 아시다시피 뎅기열이 지속되면 사망위험이 굉장히 높습니다. 방글라데시에서는 하루 2천 건이 넘는 뎅기열 사례가 빠르게 증가하고 있어서, 코로나19 시기에 사용되던 전용시설을 뎅기열 병원으로 전환했다고 하고요. 네팔에서도 기후변화로 인해 점점 더 많은 사례가 발생하고 있는데요. 겨울에 눈이 덜 내리고 점점 따뜻해지면서 이 뎅기열을 옮기는 숲 모기들이 산악 지역에 서식할 수 있는 조건이 되었다는 것입니다. 그래서 보건 전문가들이 걱정하고 있는 것은 이런 지역에서 뎅기열이 발생하면 일본 뇌염이나 말라리아와 같은 다른 모기 매개 질병도 같이 동반해서 나타날 가능성이 굉장히 높다고 합니다.

5. 이제 뎅기열이 위험한 것이 앞에서도 재난과 관련된 이야기에서도 나왔지만, 예방약이 없다고 하니 이것이 더 치명적일 수도 있다는 것인데요. 그러면 현재 우리나라 상황은 어떤가요?

최근 기상청은 올해 여름이 예년보다 더 더울 것으로 예상하고 있는데요. 이 기후변화가 가속되고 기온이 급격히 올라가면서 말라리아와 같은 모기 매개 질병이 전국적으로 확산되면서 올여름 국내에서는 모기가 더 많아질 것으로 예상하고 있습니다. 지난 2024년 5월 29일 질병관리청이 발표한 자료에 따르면 최근 5월 11일 기준으로 올해 수집한 모기 785마리 중에 34마리가 말라리아 질병의 원인균으로 알려진 말라리아 매개 모기였다고 합니다. 34마리는 적은 수일 수도 있지만, 말라리아를 옮기는 모기가 발견됐다고 하는 것은 우리나라도 기후 위기로 인한 건강 위기가 문제가 될 수 있습니다.

6. 사실 우리나라는 말라리아와는 좀 관련이 없다. 거리가 있다. 이렇게 생각했는데 앞으로는 달라질 수도 있겠네요. 특히 고령자들이 극심한 더위의 위험에 직면할 것이다. 이런 연구가 있었다고 조금 전에도 말씀을 해 주셨는데 이 부분에 대해서 좀 더 구체적으로 설명해 주시죠.

최근 네이처 커뮤니케이션(Nature Communications)에 따르면 이 폭염으로 인해서 전 세계적으로 위험에 처한 사람들의 수가 2050년까지 최소 2배로 늘어날 것이라는 발표가 있었는데요. 만성 그리고 급성 열에 정기적으로 노출되는 노인의 수가 전 세계적으로 2억 명 이상이 증가할 것이고, 현재 이처럼 느린 기후 정책 조치로 인해서 그 숫자는 훨씬 더 늘어날 수 있다고 합니다.

현재 유럽이나 북아메리카 그리고 동아시아 일부 국가에서 인구가 노인층에 집중되는 경향이 빠르게 나타나고 있는데요. 현재 젊은이들도 예외가 될 수 없는 것이 2050년이 되면 중년에 가까워지면서 인구 통계학적

변화만으로도 수백만 명의 사람들이 더 많은 위험에 처하게 되는 것이고요. 그리고 전 세계적으로 고령화가 되고 있는 상황이고, 특히 한국이 고령화 속도가 다른 나라들에 비해서 상당히 빨리 진행되고 있는데요. 이런 기후변화가 우리나라에 더 위협적이 되겠습니다.

7. 기후변화로 인해서 폭염, 폭풍, 홍수 등 이런 기상 상황들이 더 빈번해지는 극한 기상 현상이 나타나면서 다양한 질병이 생기고 그러면서 결국은 우리의 건강뿐만 아니라 사회 전반적으로도 큰 영향을 미칠 수밖에 없겠는데요.

네, 그렇습니다. 이런 극한 기후 변화로 사망과 질병 그리고 식량 시스템이 붕괴되고 식량이나 물과 같은 필수 생존 자원 등에서 다양한 방식으로 건강에 영향을 미칠 것으로 예상됩니다. 특히 기후변화는 생계나 의료 서비스 그리고 사회적 지원 구조에 대한 접근과 같은 건강을 위한 많은 사회적 결정 요인을 약화시키고 있거든요. 그래서 특히 이런 기후에 민감한 계층은 여성, 아동, 가난한 지역 그리고 이주민 또는 노인 그리고 기저질환을 앓고 있는 사람들을 포함해서 가장 취약하고 소외된 계층이 불균형적으로 피해를 볼 수 있습니다. 사실 기후 위기 책임이 가장 적은, 작고 가난한 지역의 사람들이 필수 보건 서비스를 받지 못할 위험에 처할 수 있다는 것이고요. 따라서 기후변화가 불평등을 악화시킬 수도 있다는 지적이 있습니다.

8. 그렇겠네요. 그런데 이렇게 극심한 기후변화로 인해서 야외 활동도 많이 제한적이 될 수밖에 없겠는데요. 아무래도 너무 덥거나 하면 나갈 수 없으니까요?

네, 그렇죠. 최근에 기후변화로 인해 체육 수업이 중단되었다는 뉴스가 있었습니다. 청소년들이 실내에 머무는 시간이 많아지고 신체 활동이 줄어들면서 야기되는 질병들로 인해서 고령자뿐만 아니라 청소년들의 건강에도 적신호가 켜졌습니다.

9. 이건 뭐 한두 군데 문제가 아닌데요. 기후변화가 청소년들의 건강까지도 영향을 미치는 것인데 어떤 내용들이었습니까? 이 내용 구체적으로 설명 부탁드릴게요.

네, 최근에 기후변화가 코로나만큼이나 청소년들의 신체 활동을 제약하고 있다는 조사 결과가 나왔습니다. 캐나다 비영리단체(NGO)에서 발표한 '2024년 캐나다 아동 및 청소년의 신체활동 보고서'에 따르면 이 캐나다 청소년, 12살에서 17살 사이 39%만이 적극적인 운동 기준, 즉 하루에 60분 심장이 빠르게 뛸 수준인데요. 그 기준을 충족했다고 밝혔습니다. 코로나가 확산된 2020년 37%보다는 조금 나아졌지만, 코로나 확산 이전인 2018년 49.6%, 거의 50%인데요. 이보다는 청소년들의 신체 활동이 크게 줄었다는 것입니다. 가장 큰 이유로는 기후변화를 꼽았는데요. 역시 악천후나 폭염으로 인한 산불 등으로 학교 체육 수업을 중단하는 날이 많아져서 학생들이 실내에 머무는 시간이 많아졌기 때문입니다.

10. 기후변화가 이제 미래 질병의 가장 큰 위협 요인이 될 것이라고 생각하니 겁이 안 날 수가 없네요. 그럼 이와 관련해서 정부의 대응정책은 어떤 것들이 있는지 마무리 말씀과 함께 부탁드리겠습니다.

기후 위기는 우리 건강 위기라고 할 수 있는데요. 최근 정부는 기후변화 관련해서 기후보건 적응정책 추진을 위한 '기후보건 중장기 계획'을 수립했다고 밝혔는데요. 기후위기 대비 대응으로 국민들의 건강 피해를 최소화하고, 기후 회복력을 증진하는 데 중점을 두고 있습니다. 이 '기후회복력'은 사람이나 생태계가 특정 기후위기와 위험 그리고 스트레스 등을 감당할 수 있는 능력, 즉 기후 위험으로부터 회복할 준비가 얼마나 잘 되어 있는지를 설명하는 개념인데요. 이런 정부 추진 전략으로 먼저, 기후위기 선제적 감시로 기후 및 질병 경보 기능 강화 그리고 두 번째로, 기후위기 대비 대응체계 강화로 국민건강보호, 세 번째로, 기후위기대응 민관 협력 및 글로벌 네트워킹 강화이고요. 마지막으로, 기후보건 적응을 위한 과학적 인프라 구축 이렇게 4개 전략입니다.

그래서 최근에 기후변화로 인해 우리의 건강 문제가 중요해지면서 정부 차원의 기후보건 적응정책을 마련했는데요. 이와 더불어서 에너지, 교통, 건축, 농업 등 이런 전반에 이르는 탄소 배출의 주요 부문에 대해서, 탄소배출 감축 효과를 건강의 측면에서 평가를 하고 이런 활동으로 인해서 국민들 전체 건강의 공동편익을 정량적으로 산출할 필요가 있고요. 이것을 토대로 정책 결정의 방향을 설정하는 것이 중요할 것으로 보여집니다.

11. 기후변화가 건강을 위협할 정도라면 정부 차원에서 분명히 뭔가를 가이드라인이라도 만들고 해결해 나가야 되지 않을까요? 어느 한 개인이나 단체만으로는 안 될 것 같습니다. 오늘도 말씀도 잘 들었습니다. 고맙습니다.

대왕고래,
기후위기를 부추긴다

경향신문
탈화석연료 안 하고 대왕고래 개발하려는 한국, 기후변화 대응 전세계 꼴찌
국제 기후환경단체들이 매년 발표하는 기후변화 대응 평가에서 한국이 2년 연속 비산유국 가운데 최하위를 차지했다. '대왕고래' 같은 화석연료 개발...

1. 요즘 뉴스 보니까 동해에 석유가 나온다는 얘기가 있던데요? 동해에서 석유가 나온다고 해서 다들 산유국 꿈꾼다던데, 좋은 일 아닌가요?

최근 동해에서 140억 배럴가량의 석유와 가스 매장 가능성이 깜짝 발표되면서 시추 성공률과 경제성에 대한 논란이 있는데요. 반세기 전에도 우리나라는 산유국에 대한 꿈에 들썩이기도 했었습니다. 한쪽은 유전과 가스 개발에 따른 경제나 산업 파급 효과의 기대를 걸고 있지만, 다른 한 편으로는 지진이나 어업 피해 그리고 기후변화와 관련한 생태계 파괴 가능성도 배제할 수가 없습니다. 이와 관련해서 석유 시추와 기후변화의 연관성 그리고 석유 시추가 환경에 미치는 영향에 대해서 설명 드리겠습니다.

2. 네, 석유 시추가 환경에 영향을 미친다고 하셨는데 좀 자세하게 말씀을 부탁드릴게요.

석유 시추는 환경, 즉 특히 생태계와 야생동물에 심각한 영향을 미치는데요. 석유와 가스의 추출 처리 연소의 이 과정들이 지구온난화의 주요 원인이 되는 이산화탄소(CO_2)와 메탄(CH_4)을 포함한 온실가스 배출에 큰 기여를 합니다. 해양 석유와 가스 시추 활동들이 이처럼 막대한 양의 온실가스와 독성 대기오염물질을 대기 중으로 배출하고 있는데요.

추가적으로 말씀드리면, 석유나 가스 생산 시설들에서 뿜어져 나오는 이런 대기 오염이 지역사회에 영향을 미치고 있고요. 아무래도 이런 지역들은 방문객들에게 외면을 당할 수 있는 것이고요. 그리고 이와 같은 인프라들이 야생 지대의 급격한 영향을 미쳐서 야생동물 서식지가 파괴되는 것입니다. 기름 유출로 인한 해양 생태계의 장기적인 피해를 줄 수 있고요. 석유와 가스 현장에서 나오는 빛이 너무 강해서 우주에서도 보일 정돈데요. 이런 빛 공해로 야생동물과 자연에 영향을 미칩니다.

3. 도미노처럼 쭉쭉 연결이 되는 그런 느낌인데 결국은 우리 인간에게 영향을 준다고 봐야 되겠네요.

네, 그렇습니다. 이 석유 시추를 통한 육상과 해양 생태계의 교란이 결국 서식지 파괴와 야생동물 교란으로 이어질 수 있고요. 이런 시추 작업으로 인해서 기름 유출이 되면서 해양이나 육상의 야생동물에게는 치명적인 영향을 미쳐서 중독이라든지 서식지 파괴와 같은 장기적인 생태계

손상을 초래할 수 있습니다. 그리고 석유나 가스 추출로 인해서 대기와 수질 오염이 야생동물과 서식지에 해를 끼치고 결국 우리의 건강 문제로 이어져서 인구 감소로도 이어질 수 있는 심각한 연결 고리의 시작이 될 수 있습니다.

4. 석유 시추, 기후변화와 어떤 연관성이 있을까요?

네, 일단 해외 사례를 살펴보면, 석유와 가스 산업 부문이 해당 국가의 메탄 배출의 상당 부분을 담당하고 있다고 합니다. 해양 시추에 대한 지속적인 확장과 이 의존도가 기후 위기 악화에 기여하고 있다는 의미인데요. 공공 토지 그리고 해양에서 석유나 가스 시추는 막대한 양의 탄소 배출을 발생시키고 있기 때문에 기후변화를 촉진하고 있습니다. 미국은 세계 최대 온실가스 배출 중 하나인데요. 거의 4분의 1이 공공 토지에서 추출된 화석연료에서 나옵니다. 그러니까 기후변화를 막는 가장 좋은 방법은 이 화석연료 사용을 중단하는 것인데요. 하지만 최근 세계 기후 전문가들이 석유, 가스, 석탄 등의 이런 점진적인 폐지만으로는 충분하지 않을 것이라고 경고하고 있습니다.

지구 온도가 1.5도 이상 올라가는 것을 막으려면 최소 1기가 톤 어쩌면 그 이상의 탄소를 제거해야 할 정도라고 하는데요. 1기가 톤의 양이면 지구상의 모든 사람의 무게를 합친 것의 2배 이상일 정도로 어마어마한 양입니다.

5. 네, 사실은 이런 지구 온난화를 막기 위해 석탄, 석유 등 이런 화석연료

를 쓰지 말자고 하는 방향으로 가고 있었던 것 같은데, 우리의 움직임이 좀 상충되는 느낌이 들거든요.

네, 그렇죠. 해양 시추를 포함해서 석유와 가스 추출에 대한 화석 연료 산업의 의존도는 이런 기후변화를 완화하려는 글로벌 사회 노력과 상당히 직접적으로 상충되는 충돌을 일으키고 있는데요. 한국을 포함한 여러 국가들이 2050년까지 탄소 중립을 달성하기 위해서 노력하고 있는 상황에서 이런 석유 시추가 환경에 미치는 영향과 기후에 미치는 영향을 신중하게 고려해야 할 것입니다.

6. 국제사회, 국내도 마찬가지고 우리의 석유시추 관련 부분에 있어서 반발이 있을 것 같은데, 어떻습니까?

네, 최근 정부에서 발표한 해양 시추로 인해 잠재적인 생태학적 영향과 기름 유출 위험에 대해서 환경단체들과 시민단체들이 우려를 제기하고 있는데요. 과거 2007년 12월 7일 충청남도 태안군 바다에서 유조선들이 충돌해서 기름이 유출된 사고가 있었죠. 삼성 1호와 허베이스피릿(Hebei Spirit)호 간의 충돌이었는데요. 이런 기름 유출과 같은 과거 사건을 통해서 기름 유출이 해양 생태계와 야생동물에 미치는 파괴적인 결과를 확인할 수 있었습니다. 그리고 미국에서만 2010년부터 2020년 사이에 10년 동안 거의 6천 건이 넘는 기름 유출이 발생했는데요. 이것은 매일 평균 거의 2번의 유출이 발생한 것입니다.

7. 우리나라도 2050년까지 지금 탄소 중립을 달성하기 위해서 목표로 설정을 해 두고 있다고 말씀하셨는데 에너지와 환경 문제에 대한 어떤 접근 방식에 있어서 변화가 필요할 것처럼 보이는데요.

현 정부가 발표한 것처럼 우리나라에서 석유 시추를 포함한 지속적으로 화석연료 개발을 추구한다면, 한국이 2050년까지 탄소 중립에 대한 약속을 달성하는 데 있어서 국가의 능력에 대한 우려를 불러일으킬 수 있겠고요. 그래서 우리나라의 에너지 안보와 환경의 지속가능성 간의 충돌로 인해서 균형 있고 지속 가능한 접근 방식이 필요해 보입니다.

8. 전 세계 나라들이 2050년 탄소중립 달성을 목표로 하고 있는데, 지금 우리나라 수준 어느 정도인지 확인이 가능할까요?

네, 지난 2024년 3월 21일 통계청에서 발표한 자료를 보면, '한국의 SDGs(지속가능발전목표) 이행보고서 2024' 보고서인데요. 최종 에너지 소비에서 재생에너지가 차지하는 비중이 2020년 3.6%로 OECD 회원국 평균 14.9%에 비해서 가장 낮았습니다. OECD 꼴찌입니다. 그리고 온실가스 총 배출량은 2021년 6억 7,660만 톤(이산화탄소 환산량, CO_2eq)인데요. 2020년 대비해서 3.4% 상승했고요. 산업 부문, 에너지, 농업 분야 순으로 배출량의 증가폭이 컸습니다. 그리고 국내총생산, GDP당 온실가스 배출량 기준으로 본다면 나라별 비교 결과로 한국은 호주, 캐나다, 뉴질랜드, 미국, 폴란드 등의 순으로 상당한 수준으로 높았습니다.

9. 심각한 수준인데 그러면 앞에서 말씀하셨던 생물 다양성과 관련한 데이터는 어떻습니까?

특정 생물 그룹의 멸종 위협 추세에 관한 지수 이를 적색목록지수(Red List index)라고 하는데요. 이 지수를 살펴보면, 우리나라의 생물 다양성의 경우, 2000년 0.76에서 2023년 0.69로 계속 소실되고 있다는 수준입니다. 0에 가까울수록 멸종 위기종과 고유종의 멸종 위험이 크고 생물 다양성이 낮다는 것을 의미하고 있습니다. 주목되는 부분으로 우리나라는 뉴질랜드, 멕시코와 더불어서 가장 낮은 국가군에 속한다고 볼 수 있습니다. 그래서 이런 생물 다양성 보호 노력이 전 세계 나라들에게 요구되어지고 있는데요. 우리나라는 2022년 기준으로 육상보호지역 비율은 17.45%, 해양은 1.81%입니다.

특히 해양보호지역 비율은 1.81%로 OECD 평균인 19.2%에 크게 뒤처져 있는 상황인데요. UN이 2030년까지 목표치를 30% 정하면서 우리나라 개선 노력이 절실한 상황이 되었습니다. 현재 우리나라 생물 다양성이 크게 흔들리고 있습니다.

10. 네, 이제 앞으로 우리 정부의 에너지정책 변화와 탄소중립의 국제적 약속에 대한 이행 수준이 논란이 될 것 같은데요. 마무리 말씀 부탁드립니다.

대한민국의 탄소중립이 길을 잃고 있습니다.
기후변화는 화석연료 연소로 인해서 발생하는데요. 대왕고래 프로젝트로 해양 시추는 기후 위기를 부채질하고 있습니다. 이런 시추 작업은 강력한 허리케인이나 심각한 폭염 그리고 해수면 상승과 같은 환경 변화 초래로 현명하지 못한 투자가 될 수 있습니다. 따라서 이러한 문제를 해결하기 위해 정부는 에너지 수요, 환경보호 그리고 기후변화 완화 간의 균형을 신중하게 고려해야 할 것이고요. 글로벌 사회에 대응하는 재생가능에너지원에 투자하고 에너지 효율성을 개선하면서 화석연료에서 벗어나는 이런 일련의 정책들이 석유 시추와 관련된 환경 영향과 기후관련 위험을 줄이는 데 큰 도움이 될 수 있을 것입니다.

산유국의 꿈, 그러나 기후위기 앞에선 재검토가 필요합니다. 바다를 지킬 것인가, 석유를 캐고 미래를 위협할 것인가. 우리가 선택해야 합니다. 지금은 '탄소중립 사회'로 가는 길에 모두가 힘을 모아야 할 때입니다.

11. 네, 최근에 좀 이슈가 됐던 부분인데 심각하게 고민하고 조금 더 알아보고 신중하게 접근해야 될 부분인 것 같습니다. 감사합니다.

마른하늘에 비행기 흔드는 난기류:
그 배후에 기후변화가 있다

1. 요즘 비행기 사고 소식이 자주 들려요. 난기류 때문에 사람이 사망했다는 뉴스까지 봤는데요. 비행기 타기가 너무 무서워요.

최근 싱가포르 항공기 사고처럼 난기류 때문에 사망자까지 발생하면서 비행기 타기가 굉장히 겁나는데요. 마른하늘의 난기류에 휩싸인 항공기 그 이유가 기후변화라고 합니다. 이처럼 예측이 어려운 난기류가 지구온난화로 급증하고 있는데요. 이와 관련해서 말씀드리겠습니다.

2. 말씀하신 것처럼 난기류가 요즘에 심해져서 항공기 사고도 빈번하게 일어나고 있던데요. 구체적으로 어떤 사건들이었습니까?

2022년 말에 하와이에 도착하는 항공기가 1만 미터 상공에서 강력한 난기류에 휩싸여 비행기가 크게 요동치고 승객과 승무원 일부가 천장에 몸을 부딪치면서 기내가 순식간에 아수라장이 됐었는데요. 이 중에 30명이 다쳤고요. 중상자도 10명이 넘었습니다. 그리고 2023년 3월에 미국에서 독일로 향하던 중에 난기류에 휩싸여 한 여객기가 비상 착륙하는 과정에서 7명이 다쳤고요. 최근의 런던에서 출발한 싱가포르 항공기가 심각한 난기류에 부딪쳐서 31명이 부상 입고 1명이 사망하는 안타까운 사고가 있었습니다.

3. 이 난기류로 인한 사고가 잦은 편이에요. 항공기 안전에도 큰 문제가 생긴 건데 난기류와 관련된 피해 내용은 어느 정도인가요?

기후변화 영향으로 난기류 발생 빈도가 높아지고 있고요. 풍속과 풍향의 갑작스러운 변화로 난기류가 모든 항공기들의 경계 대상이 될 수밖에 없습니다. 미국에서 이와 관련한 통계를 작성하고 있는데, 15년간 발생한 항공기 사고의 3분의 1 이상이 난기류와 관련이 있었다고 합니다.

4. 굉장히 많은 거네요.

네, 하지만 난기류 사고로 중대한 피해로 이어지는 경우는 드물어서 1997년 사망사례가 보고된 정도였습니다. 그리고 기내에서 업무 때문에 안전벨트를 맬 수 없는 승무원들이 대부분 중상자들이었습니다.

5. 그렇겠네요. 아무래도 계속 서비스를 해야 되기 때문에 안전벨트의 중요성이 확인되는 이야기가 아닐까 싶은데요. 난기류는 대부분 강력한 폭풍 때문에 발생하는 걸로 알고 있는데요. 이번 싱가포르 항공기 사고도 미얀마 부근에서 폭풍이 있었던 것으로 알려져 있죠?

네, 그렇습니다. 이번 여객기가 난기류 사고를 겪으면서 약 1분 동안 급상승과 급 하강을 수차례 반복했다고 하는데요. 이것보다 더 위험한 종류의 난기류는 대기 상층부에서 시속 200km 속도로 흐르는 제트 기류 경계에서 대부분 일어난다고 합니다. 이 강한 제트 기류가 동아시아에 위치하고 있다는데요. 우리나라도 안전지대가 아니라는 분석입니다. 그리고 이런 난기류는 언제 어디서 발생할지 예측하기 매우 어렵고요. 어느 고도에서 발생할지도 알 수 없다고 합니다.

6. 예측할 수 없다는 것만큼 무서운 게 없는데 말입니다.

네, 그렇죠.

7. 그렇다면 말씀하신 기후변화와 난기류는 어떤 연관이 있을지, 어떻게 설명이 가능할까요?

네, 아직은 가설 수준이지만, 기후변화 영향으로 난기류 발생 빈도가 갈수록 높아지고 있다는 주장입니다. 그러니까 열이 더 많이 생기면 대류가 더 많이 발생하고, 이 대기압이 변하면서 더 많은 제트 기류의 움직임이 발생한다고 합니다. 1979년부터 최근까지 난기류 발생 건수가 약 55% 증가했고요. 그리고 전문가들은 시뮬레이션을 근거로 앞으로 수십 년간 난기류가 약 3배까지 증가할 수 있다고 경고하고 있습니다.

8. 그렇다면 난기류로 인해서 항공기 안전 문제가 앞으로 더 늘어날 가능

성이 크겠네요.

이 모든 기상현장 현상 중에서 난기류가 가장 예측하기 어려운 현상 중 하나인데요. 기후 변화로 대기권 내부에서 온도 변화가 굉장히 심해졌습니다. 이 때문에 현재 기술 수준으로도 정확하게 예측할 수 없는 '청천난기류(CAT, Clear Air Turbulence)'가 늘어날 것이라고 전망을 하고 있습니다.

9. 청천난기류는 뭡니까?

말 그대로 맑은 하늘, 청천(青天)에 발생하는 난기류인데요. 마른하늘에 항공기의 난기류가 닥칠 수 있다는 것입니다. 특별한 징후가 없어서 기상 예보나 비행기에 달린 레이더로도 미리 감지하기가 어렵다고 하고요. 이 때문에 비행 안전을 크게 위협하고 있는데요. 미국에서 중간 강도 이상의 난기류가 연평균 6만 5천 회 발생하고 있는데요. 이 가운데 상당한 비율이 청천난기류에 의한 것으로 추정되고 있습니다.

10. 청천난기류, 맑은 하늘에서 발생하는 난기류인데 그야말로 마른하늘의 날벼락이네요. 이런 사고 얘기 들으니까 비행기 타는 것이 걱정이 될 정도인데요. 이 난기류와 기후 변화는 어느 정도 연관성이 있다고 볼 수 있을까요?

최근 영국 레딩대학교(University of Reading) 연구진들이 컴퓨터 분석을 통해서 미래에 중간 강도 이상의 청천난기류가 얼마나 증가할지 살펴봤는데요. 지구 온도가 1도 올라가면 가을과 여름에 각각 14% 정도 그리고 겨울과 봄에는 9% 정도가 늘어날 것이라고 발표를 했습니다. 정도 차이는 있겠지만, 모든 계절에 걸쳐서 청천난기류가 더 생긴다는 의미로 받아들일 수 있겠죠.

11. 지구의 온도를 올리지 않는 것이 가장 중요한 것이 아닌가 싶습니다. 그런데 자꾸만 올라가서 걱정이에요. 연구진들이 주요 분석 대상으로 삼은 것이 북대서양 상공이라고 하는데 청천난기류의 주된 발생 원인으로 기후변화를 지목했다면서요.

네, 그러니까 이산화탄소 배출로 지구 온도가 오르면서 대류권 온도가 올랐고, 이 때문에 고도 약 1만 미터부터 시작하는 성층권과 온도 차이가 커진다는 것입니다. 이런 온도 차이로 고도 1만 미터에서 형성되는 제트 기류가 교란되는 일이 그 빈번해지면서 이 현상이 청천난기류 발생을 촉진했다는 것입니다. 말씀드린 고도 1만 미터는 국제선 항공기의 순항 고도입니다.

12. 어쨌든 지구의 온도가 오르는 것을 막아야 될 텐데 앞으로 어떻게 예측될까요?

청천난기류 증가가 항공 산업에 영향을 미치는 것은 뭐 불을 보듯이 뻔할 것이고요. 이제 비행기가 더 많이 중단되면서 여러 가지 손실도 늘어날 가능성이 크다는 예측입니다. 현재로서는 비행기 안전 수준을 높이기 위해 청천난기류가 자주 생기는 하늘을 피해서 항로를 조정하는 것이 현실적인 대책일 것이고요. 이럴 경우에 종전보다 항로가 길어지면서 항공사가 감당해야 될 연료비가 늘고 또 승객들의 여행시간도 늘어날 수밖에 없는 그런 상황입니다.

13. 결국은 돌고 돌아서 인간의 부담으로 돌아오게 되는 것이네요. 그러면 이 난기류를 예측하고 대처하는 더 나은 방법이 있을까요?

일부 연구자들이 해답은 동물의 세계에 있다고 하는데요. 이 동물의 움직임을 통해서 열 상승 기류의 강도나 풍향, 풍속을 결정하는 데 도움이 될 수 있다는 것입니다. 그러니까 새들이 종종 수천 미터를 이동하는데요. 염도와 해수 온도를 측정하는 데 사용되는 바다표범 센서와 마찬가지로 조류 센시를 사용해서 난기류를 밝힐 가능성을 제시하고 있고요. 그리고 무엇보다도 항공기들이 데이터 공유 체계를 더 잘 갖춰 이를 활용해서 앞선 항공기가 난기류를 겪으면, 경로를 지나가는 다른 항공기에 공유를 해서 사전에 경고하는 체계를 구축하는 것이 보다 효과적일 것입니다.

그리고 난기류에 관해서 여전히 많은 질문들이 있는데요. 한 가지 확실한 것은 전 세계를 가로지르는 항공 여행이 갈수록 더 어려워질 것이라는 점입니다.

14. 그렇겠네요. 이제 안전벨트 사인이 훨씬 더 많이 자주 켜질 것 같다는 생각도 드는데 끝으로 마무리 말씀 부탁드리겠습니다.

난기류가 점점 늘어나고 예측이 불가능해지면서 해외여행자들에게는 지속적으로 영향을 미칠 것으로 보여지는데요. 안전벨트 사인이 항상 켜져 있다고 생각하시면 되겠습니다. 그래서 항공 산업이 이 문제를 매우 심각하게 받아들이고 있겠지만, 이런 기후위기를 해결하려면 지속가능한 항공 연료로의 전환을 가속해야 하겠고요. 또한 일부 규정을 변경해야 하기도 합니다. 예를 들어 2세 미만의 어린아이가 보호자 무릎 위에서 비행하고 있는데요. 이것은 완전히 안전하지 않기 때문에 탑승자 모두 좌석이 필요해 보이고요. 카시트를 제대로 설치하지 않으면 법적으로 처벌받듯이, 비행기에도 동일한 기준 적용이 필요해 보일 듯합니다.

그래서 결국 기후변화로 인해 향후에 빈번하게 일어날 수 있는 난기류가 항공기 안전벨트 착용 정책 변경으로 이어질 가능 가능성과 항공 산업의 탄소 감축 노력이 더욱 요구되는 그런 비상사인이 켜졌습니다.

15. 지구 변화가 지구의 온도가 1도 올라감으로 인해서 정말 전 세계 여러 분야까지 영향을 미친다는 것은 계속 이 시간 통해서 알고 있는데, 이런 분야까지도 이렇게 변화될 수밖에 없구나라는 것은 또 새롭게 알았습니다. 그래서 보다 더 지속가능한 친환경적인 사업들을 많이 해야겠다는 생각도 듭니다. 개인이 우선이 해야 되는 부분도 있고 또 기업이 함께해야 되고, 정부가 함께 신경 써야 되는 부분도 분명히 있겠죠.

네, 그렇습니다.

16. 오늘 말씀 잘 들었습니다. 고맙습니다. 지금까지 우석대학교 ESG 국가정책연구소 지용승 부소장이었습니다.

'기후플레이션'의 시대, 기후가 물가를 뒤흔든다

1. 요즘 장 보면 깜짝 놀라요. 사과 한 개에 몇천 원 하던데…이게 기후변화랑 무슨 상관인가요?

요즘 식품 가격에 대한 소비자 만족도가 계속해서 하락하고 있는 것으로 나타나는데요. 식품 물가가 고공행진하고 있는 것에 따른 것으로 보입니다. 이런 고물가 현상이 기후변화와 관련이 있다는 것인데요. 기후플레이션 즉, 기후변화로 인해서 물가가 올라가는 현상인 신조어인데요. 이와 관련한 내용 말씀드리겠습니다.

2. 네, 사실 요즘 물가가 너무 올랐는데 식료품비도 만만치 않거든요. 그런데 기후변화와 식탁물가와는 어떤 연관이 있습니까?

네, 기후변화로 지구 온도가 올라가는 온난화 현상이 나타나면서, 농산물 작황이 부진하고 그러면서 글로벌 농식품 가격이 치솟고 결국 우리 식탁을 위협하고 있는 상황입니다. 우리나라에서도 특히 과일값이 크게 올라서 물가에 악영향을 미치고 있는데요. 최근 뉴스에서 강수량 100mm가

변하면 신선식품 물가상승률 1% 포인트가 상승한다는 보도가 나왔었습니다. 그리고 올해 1월 세계경제포럼(WEF)에서 각국의 전문가들이 올해 글로벌 리스크, 즉 글로벌 총생산과 인구 등에 부정적 영향을 주는 사건이나 상태를 말하는데요. 이 리스크 34개 중에 심각한 요인을 복수로 선택하게 한 결과로 66%가 기후변화를 꼽았습니다.

3. 다른 것도 체감을 하지만 특히 요즘은 과일값이 많이 올랐다는 것을 정말 몸소 느끼고 있는데요. 이것이 모두 기후변화와 연관이 있다는 것이잖아요. 조금 전에 말씀해 주신 기후플레이션이라는 것에 대해서 정확히 설명 좀 부탁드리겠습니다.

네, 최근 새로운 연구에서 기후변화가 인플레이션을 유발할 수 있다는 주장이 제기되고 있는데요. 이것을 기후플레이션이라고 합니다. 통화량이 인플레이션의 지배적인 요인이기는 하지만, 이것이 유일한 요인이 아니다라는 것입니다. 가뭄, 홍수, 폭설과 같은 이런 기후변화로 인한 자연재해나 극심한 날씨가 농작물 수확에 부정적인 영향을 미쳐서 우리 식탁 먹거리와 관련한 식품 가격이 상승하는 현상을 의미합니다. 이런 기후변화로 인해서 농업 생산성이 감소하는 생산성 충격이 우리나라를 포함해서 전 세계적으로 발생하고 있는 상황입니다.

5. 이제는 자국에서만 수요를 충족할 수 없는 시대이다 보니 정말 그야말로 글로벌 전체적인 상황도 한번 살펴봐야 할 텐데요. 글로벌 식품 가격의 상황은 어떤가요?

네, 우리나라 국민들 커피 사랑이 상당하죠. 최근 국민 1인당 연간 커피 소비량이 405잔으로 전 세계 1인당 연간 커피 소비량, 152잔과 비교해서 2배 이상 높은 것으로 나타났는데요. 베트남, 인도네시아 이런 나라들이 극심한 가뭄으로 커피 생산에 타격을 입으면서 인스턴트 커피에 많이 들어가는 로브스타(Robusta)[1] 커피 값이 2,024. 4월 기준으로 톤당 3,948달러까지 치솟았고요. 1년 전보다 60% 이상 오른 가격입니다.

6. 네, 상당하네요.

네, 그렇죠. 이보다 비싼 브라질 아라비카 커피도 마찬가지로 심각한 가뭄으로 인해서 파운드당 2.34달러까지 상승하면서 2022년 9월 이후 최고가를 기록했습니다.

7. 가뭄으로 커피 값도 올랐고 또 다른 농산물 가격들은 기후변화로 인해서 어떤 영향을 받을까요?

세계 코코아 생산량의 80%를 차지하는 서아프리카에서도 굉장히 심각한 가뭄으로 수확이 급감하면서 선물시장 가격이 최근 1개월간 49% 뛰어서 톤당 10,050달러까지 올랐습니다. 이것은 1년 만에 3배 이상 급등한 것이고 사상 최고가입니다.

---

1) 커피의 주요 원두 종류 중 하나로 그 역사는 아라비카(Arabica)에 비해 비교적 짧고, 베트남이 로부스타 커피의 성지이다. 아라비카에 비해 당이 적고, 카페인이 많으며, 기온이 높은 저지대에서 자라는 품종이다.

그리고 세계 최대 올리브유 생산국인 스페인도 2년째 가뭄으로 생산량이 반토막으로 줄어들면서 가격이 1년 사이에 2배 이상 뛰었고요. 이런 상황에서 최근 국내 식품업계에서 올리브유 가격을 30% 인상했습니다.

설탕도 마찬가지로 세계 2위, 3위인 대표적인 수출국인 인도와 태국에서도 심각한 가뭄으로 인해서 생산량이 급감하면서 가격이 크게 올랐습니다.

품목	상승 이유	가격 상승폭(2024년 기준)
커피	베트남·인도네시아 가뭄	로브스타 60%↑, 아라비카 2년 내 최고가
초콜릿 (코코아)	서아프리카 가뭄	1년 새 3배↑, 사상 최고가 (톤당 10,050달러)
올리브유	스페인 2년 연속 가뭄	생산량 반토막, 국내 가격 30%↑
설탕	인도·태국 가뭄	세계시장 가격 급등
사과·배	한국 폭우·탄저병	사과 88%↑, 역대 최고치

8. 네, 과일, 커피, 코코아, 올리브 지금까지는 이렇지만 앞으로도 얼마나 많은 분야에서 물가가 오를지 좀 겁이 나기도 하는데, 이상기후로 인해서 글로벌 식품의 물가가 상승하고 있는 것이잖아요. 기후플레이션, 기후변화로 인한 물가 상승이 정말 심각한데요. 어떤가요?

최근 독일 포츠담기후영향연구소(PIK, Potsdam Institute for Climate Impact Research)에 따르면, 지난 2022년 여름 유럽의 각 나라들의 기록적인 폭염이 닥쳤을 때 식품물가가 0.43-0.93% 포인트 상승했다고 발표했는데요. 이 연구소는 2035년이 되면 기온상승으로 식품물가가 최대 3.2% 포인트 오르고 전체 물가는 최대 1.2% 포인트 상승할 수 있다고 이렇게 전망했습니다.

9. 이렇게 %로 따지면 '에이, 겨우 한 자릿수인데.' 하지만 이게 굉장한 수치인 거잖아요.

네, 맞습니다.

10. 기후변화로 인해서 우리나라도 영향을 피할 수는 없을 텐데 우리나라의 물가 상황은 어떻습니까?

네, 최근 2024년 통계청 발표에 따르면, 날씨 탓에 작황이 부진한 농산물이 20.5% 올라서 지난 4월 20.9%에 이어서 두 달 연속 20%를 기록하고 있고요. 특히 말씀하셨던 사과가 88.2%나 상승했습니다.

11. 거의 2배 가까이네요.

네, 그렇습니다. 통계 작성이 시작된 1980년 1월 이후에 역대 최대 상승폭입니다. 그리고 최근 배, 귤 같은 과일값과 채소 값이 치솟는 이유로 지난해 이상 기후에다 탄저병까지 겹쳐서 작황이 부진했기 때문입니다. 이렇게 기후변화로 인해서 가격 변동이 큰 품목으로 구성되어 있는 신선식품 지수도 19.5% 올라서 6개월째 두 자릿수 상승률을 보이고 있고요. 신선식품 지수 상승률이 6개월 이상 10%를 넘긴 것은 2010년 2월부터 2011년 3월 이후 거의 13년 만에 처음입니다.

12. 그런데 과일 같은 경우야 이제 덜 사 먹거나 줄일 수 있는데, 이렇게 과일값이 오르면 전체 물가에도 영향을 미치지 않습니까?

맞습니다. 기획재정부에 따르면 올해 1월 소비자 물가에서 과일의 기여도는 0.4% 포인트로 2011. 1월 0.4% 포인트 이후 13년 만에 가장 크게 올랐다는 것인데요. 1월 물가상승률 2.8% 가운데 과일만으로 전체 인플레이션의 7분의 1을 끌어올렸습니다. 그러니까 전체 물가상승 요인으로 작용하더라도 0.1에서 0.2%에 그쳤던 과일류가 지난해 9월, 10월 이후부터 0.4% 포인트로 뛰어서 이게 지금 현재 좀처럼 수그러들지 않는 추세입니다.

13. 식탁을 위협받고 있는 우리도 그렇지만 정부도 기후변화에 대해서 좀 심각하게 바라보면서 정책을 운영할 필요가 분명히 있을 것 같습니다. 정부뿐만 아니라 기업도 마찬가지고요. 그동안 말씀 계속 해 주셨지만 더욱 신경 써야 할 부분입니다. 마무리 말씀 부탁드리겠습니다.

이런 기후변화와 소비자 물가라는 우리 식탁과 민감한 관계 때문에 여러 가지 방식으로 정부의 통화정책에 영향을 미칠 수 있는데요.
먼저 기후변화로 인해서 여러 가지 상품이나 서비스 가격에 영향을 미치기 때문에 중앙은행의 통화정책 결정에 영향을 미칠 수 있고요.
그리고 지속가능한 제품에 대한 수요 증가와 같은 소비자들의 소비 패턴에 영향을 미쳐서, 환경 문제로 인한 소비자 행동 변화도 전반적인 가격 수준에 영향을 미치고, 결국 물가에 영향을 미칠 수가 있습니다. 따라서 이런 소비패턴 변화로 인해서 물가를 안정시키기 위해서 또는 유지하기 위한 정부의 통화 정책 조정이 필요합니다.

그리고 자연재해와 같은 기후변화로 인해서 보험비용 증가라든지 금융기관의 자본 손실 그리고 경제활동 중단 가능성을 초래하게 되는데요.

전반적으로 기후변화가 다양한 경제 및 재정적 측면에서 우리 생활에 계속해서 나타나기 때문에, 정부는 관련 문제와 위험을 효과적으로 해결하기 위해서 기후와 관련된 내용을 전반적으로 고려해서 정책 프레임워크에 통합해야 할 필요성이 점점 더 커지고 있다는 것을 심각하게 인식해야 합니다.

14. 네, 그동안 여러 차례 부소장님과 말씀 나누면서 기후 위기에 대응하기 위해서는 좀 여러 노력을 해야겠다. 이게 파장이 굉장히 크다는 생각은 했는데 전반적으로 보험 비용 증가나 금융기관의 자본 손실이나 경제활동 중단 가능성까지 말씀하시니까 이거 굉장히 겁나는데요.

네, 그렇습니다. 우리 사회뿐만 아니라 글로벌 사회 전체에 심각한 문제입니다.

기후변화? 먼 미래 얘기 아니냐고요? 지금 우리 장바구니에서 벌어지고 있습니다. 사과 한 알, 커피 한 잔이 말해 줍니다. 기후플레이션 시대, 우리의 작은 실천이 물가를 안정시키고, 지구를 살릴 수 있습니다.

15. 자, 그러면 이제 기업이나 정부 정책적으로도 기후변화를 막기 위한 노력들을 해야겠지만, 혹시 부소장님 개인적으로 개인이 실천할 수 있는 방법들 혹시 뭘 하고 계십니까?

가급적 탄소 배출 감축을 위해서 일회용품 사용을 자제하고 있고요. 흔히 할 수 있는 전기절약이라든지 에너지 효율 그리고 스마트폰이나 컴퓨터에 저장되어 있는 불필요한 데이터를 삭제해 주는 것도 탄소 감축하는 데 도움이 됩니다.

16. 알겠습니다. 개인이 할 수 있는 일들 충분히 실천하면 도움이 되겠습니다. 참고하시길 바랍니다. 오늘 말씀 잘 들었습니다. 고맙습니다.

기후위기, 한 표로 바꿀 수 있다면?

1. 매거진 365 시간입니다. 교수님 안녕하세요. 오늘은 어떤 이야기 준비해 주셨나요?

기후 관련 이슈가 2024년 주목받는 키워드 중의 하나로 부상하고 있는데요. 그래서 기후 관련 의제로 투표하는 기후 유권자들의 성향을 파악하기 위한 설문조사들이 나오고 있는데요. 이와 관련해서 우리나라 국민들의 기후변화 인식 수준과 탄소배출 감축에 대한 지지도 그리고 이에 따른 정부의 대응 수준은 어느 정도인지를 말씀드리겠습니다.

2. 그렇군요. 올해 우리도 얼마 전에 총선이 있었고, 전 세계적으로도 보면 미국 대선도 이제 11월에 있고요. 다른 나라들도 마찬가지고 굉장히 큰 선거들이 많이 있을 예정인데요. 그 규모가 어느 정도이고 그리고 어떤 기관들에서 설문을 진행했는지 또 기후 관련된 이슈들 조사하는데 응답자는 어떤 사람들을 대상으로 했는지 구체적으로 좀 설명을 해 주실까요?

네, 2024년 올해는 세계 10대 인구 대국 중에 8개 나라, 즉 우리나라를 포함해서 방글라데시, 브라질, 인도, 미국, 인도네시아, 파키스탄, 러시아, 멕시코 이런 나라들과 EU 의회도 투표하는 선거가 많은 해로 주목되고 있습니다. 전 세계 인구의 거의 절반이 살고 있는 나라에서 2024년 올해 선거가 치러질 예정인데요. 전 세계 인구의 약 4분의 1에 해당하는 20억 명 정도의 유권자가 투표에 참여할 것으로 예상됩니다.

이와 관련해서 국내에서는 녹색전환연구소, 더가능 연구소, 로컬 에너지랩으로 구성된 '기후 정치 바람'의 조사 결과로 우리나라 기후 유권자들이 선거 결과를 좌우할 수 있다는 그런 전망이 나왔었습니다. 이 가운데서 주목할 만한 글로벌 설문조사가 하나 더 있습니다. 글로벌 싱크탱크인 글로벌 메탄허브(Global Methane Hub) 조사기관인데요.

한국을 비롯해서 호주, 브라질, 캐나다, 칠레, 독일, 인도, 이탈리아 이런 6개 대륙과 17개 국가들에서 만 18세 이상 시민들을 대상으로 기후 관련 조사를 실시했습니다.

3. 아, 그렇군요. 17개 국가 국제적으로 이 기관이 어떤 내용으로 조사를 했는지 그 결과도 좀 궁금한데요.

우선 기후변화에 대한 견해라든지 환경 문제 인식과 행동을 지지하는 정도 그리고 메탄가스 배출에 대한 지식 그리고 메탄가스 배출을 줄이기 위한 특정 정책에 대한 지지와 관련된 내용으로 온라인 설문을 진행했습니다.

지난 3월 26일 이 결과에 대해서 공개를 했는데요. 설문조사 결과에 따르면, 우리나라 국민 10명 중 9명이 기후변화 위기의 원인 중의 하나인 '메탄 감축'의 필요성을 중요하게 인식하고 있는 것으로 확인됐고요. 실제로 메탄가스 배출이 지구온난화에 미치는 영향 정도를 보면, 이산화탄소의 거의 82배에 달해서 메탄가스 배출 감축이 기후 위기를 해결하기 위한 핵심정책 중의 하나로 손꼽히고 있습니다.

4. 그렇군요. 이 결과를 그러면 어떤 의미로 받아들이면 좋을까요?

이번 설문 조사에서 가장 흥미로운 것은 대부분 기후 변화의 영향을 가장 많이 받는 나라들이 메탄가스 배출 감축을 강력하게 지지했다는 점이고요. 메탄가스 배출 감축이 지구 온도를 낮추고 기후변화의 영향을 줄일 수 있는 가장 빠른 방법이며, 그 메탄가스를 감축하면 에너지와 식량 안보 그리고 더 건강한 지역 사회를 만드는 우리 사회에 추가적인 혜택도 얻을 수 있다는 것을 확인하는 그런 결과였습니다.

5. 우리나라 경우, 이 설문조사 결과를 놓고 봤을 때 그러면 이제 기후 유권자가 상대적으로 굉장히 많다 이렇게 볼 수도 있고, 기후 관련한 인식 수준이 높다 이렇게 볼 수 있을 텐데요. 다른 나라들과 비교하면 어떻습니까?

전 세계 17개 나라들을 대상으로 메탄에 대한 대중들의 인식을 조사한 것은 이번이 처음인데요. 우리나라는 약 800명 정도의 시민들이 설문에 참여했고요. 설문조사 결과로 메탄가스 배출 감축을 위한 행동 지지도가 우리나라가 92%로 다른 나라들에 비해서 가장 높은 것으로 조사됐습니다.

그리고 기후변화에 대한 견해라든지 환경 문제 인식 그리고 이에 따른 행동 지지에 대해서 우리나라 응답자의 91%가 기후 변화가 인간 활동으로 발생한다고 답해서, 17개 국가들 중에서 우리나라가 1위를 차지했습니다. 특히 응답자 93%가 '기후위기 최소화를 위한 행동을 지지한다.'고 답했는데요. 이것은 아시아 태평양 국가(APAC) 중에서 중국이 95%인데요. 중국이 1위고요. 그 다음 높은 수치로 나타났습니다.

그리고 우리나라 응답자들은 '기후변화가 개인에게 미치는 영향이 강하다.'는 질문에서는 49%가 그렇다고 응답했고요. 이것도 역시 아시아 태평양 국가(APAC)와 비교했을 때 인도가 58%로 인데 그 다음으로 2위를 차지했습니다.

6. 중국과 인도 다음으로, 지금 우리나라가 이렇게 응답률이 상당히 높은 수치를 보이고 있잖아요. 이것은 우리나라의 어떤 오염도나 이런 부분과도 연결을 지어서 해석을 할 수 있습니까? 교수님.

아무래도 시민의식이 높다고 할 수가 있겠고, 글로벌 기후변화에 대해서 체감도가 대체적으로 높다 그렇게 받아들일 수 있겠습니다.

7. 메탄가스 배출을 줄이는 것이 이제 지구 온도를 낮추고 또 기후변화 영향을 줄이는 가장 빠른 방법이라고 얘기를 하셨는데 그러면 '메탄가스 배출에 대한 이해도' 이 부분은 어느 정도였습니까?

'메탄가스 배출에 대한 이해도' 역시 전 세계 나라들 중에서 우리나라가 가장 높은 것으로 나타났고요. '메탄에 대해 잘 알고 있고 메탄이 기후에 부정적인 영향을 미친다는 사실을 알고 있다.'의 우리나라 응답자 54%가 긍정적으로 답했습니다. 이것도 역시 아시아 태평양 국가 평균이 40%인데 반해 이것을 고려하면 상당히 높은 수치로 확인됐고요. 그리고 응답자 중에서 92%가 '메탄가스 발생량 저감을 위한 행동을 지지한다.'고 답했습니다. 이것도 역시 아시아 태평양 국가 중에서 우리나라가 가장 높은 수치고요. 아시아 태평양 국가들의 평균보다 약 6% 높습니다. 그리고 좀 전에 말씀드렸던 우리나라가 '기후변화가 인간 활동으로 발생한다.'는 응답자 91%로 전체 국가들의 응답자 중에서 가장 높은 수준을 보여 주고 있습니다.

8. 그렇군요. 이런 조사 결과를 놓고 보면 우리 국민들이 이제 기후변화에 굉장히 민감해하고, 인식 수준이 상당히 높아졌다고 볼 수 있을 것 같습니다. 이런 기후변화 대응에 있어서 정부도 정책을 점검할 필요가 있지 않을까 싶은데 시민들의 체감도에 따라서 정책 추진 방향도 좀 구체화할 필요가 있어 보입니다.

네, 그렇습니다. 설문조사 결과를 보면. 우리나라 국민들은 정부의 정책적 지원이 더 필요하다고 응답했고요. 특히 응답자 26%가 환경 피해에 대한 환경 책임이 정부에게 있다고 답했고요. 19%가 대기업에 있다고 응답했습니다. 그리고 이런 기후변화를 최소화시킬 수 있는 주체에 대해서도 역시 59%가 정부라고 답했습니다.

특히 응답자의 86%가 정부가 메탄가스 배출 감축정책을 추진해야 한다고 응답했습니다. 그리고 그 응답자 92%는 '음식물 손실 감소'와 '쓰레기 매립 감소' 정책을 지지했고요. 따라서 우리 정부는 기후변화에 대해 글로벌 협력을 적극적으로 추진할 수밖에 없는 상황인데요. 이런 글로벌 기후변화 대응을 위해서 정부는 다양한 정책들을 내놓고 있습니다.

우선 2050 탄소중립을 달성하기 위해서 탄소중립(Net-zero) 정책 비전을 제시했고요. 재생에너지 확대라든지 그리고 건물이나 산업 그리고 교통과 같은 다양한 분야에서 에너지를 절약하고 효율화하는 정책들 그리고 산림 복원과 산림 친화정책 등을 통해서 숲을 보호하고 증가시키는 정책적 노력들 그리고 정부는 글로벌 협력 차원에서 기후변화에 대한 연구와 모니터링을 지속적으로 진행하고 있습니다.

9. 그렇군요. 이런 설문 분석 내용을 보면 기후변화와 영향에 대한 우려로 메탄 배출 감축과 공공정책 수준에서 의미 있는 변화를 국민들이 원하고 있다고 생각할 수 있을 것 같습니다. 마지막으로, 더 전하고 싶은 말씀 있다면 한 말씀 부탁드립니다. 교수님.

네, 설문조사에 응답한 17개 나라들의 시민들 모두 기후변화에 영향을 받고 있다고 나타났고요. 수질이나 폭염과 같은 전반적인 결과와 구체적인 결과에 대해서 굉장히 우려하고 있는 것으로 나타났습니다.

아울러 메탄가스 배출을 줄이기 위해서 정부의 정책 변화를 원하고 있는 것도 이번 설문조사에서 중요한 결과로 나타나고 있는데요. 이런 설문조사에서 나타난 데이터들은 지구 온도가 상승하는 것으로부터 우리 스스로를 보호하기 위한 행동으로 표출된 것입니다. 이런 기후변화에 적극

대응하는 정부를 지지한다는 강력한 지표로 읽혀집니다. 따라서 이번 설문조사 결과가 의미하는 것은 우리나라 국민들이 메탄가스 배출 감축 정책에 대한 지지는 분명하다고 볼 수 있고요.

그렇지만 우리나라 메탄가스 배출 감축 정책은 이런 국민들의 기대에 미치지 못하고 있습니다. 예를 들어서 정부가 〈2030 메탄 감축 로드맵〉을 발표했는데도 이 감축 부문과 방법별 감축 목표량과 같은 구체적인 내용이 나와 있지 않고요. 감축 경로도 알 수 없는 실효성이 낮아 보이는 약간 부족한 정책을 내놓고 있습니다. 그래서 우리를 국민들이 원하는 만큼 메탄가스를 효과적으로 감축시키기 위한 메탄 관련 정책을 정부는 점검할 필요가 있겠습니다.

10. 그동안 이 시간 함께하면서 참 다양한 생각들 해 볼 수 있는 시간이었습니다.

미국 백악관 주인이 지구의 온도를 바꾼다?

1. 날씨가 진짜 예전 같지 않아요. 뉴스 보니까 부산도 역대 최고 기온 기록했다던데요? 요즘 날씨 너무 이상하죠?

2024년 부산 평균 기온이 16도로 1904년 기상 관측 이래로 역대 1위를 기록했다는 보도가 나왔습니다. 부산 여름철 평균기온도 10년 전보다 2.1도 정도 상승했고요. 그러면서 이제 한반도 연해 오징어 어획량이 급속하게 줄고 있는데요. 이런 기후변화로 수온이 예년보다 빠르게 상승하면서 오징어 어장이 북상하고 있기 때문이라고 합니다. 기후변화가 미치는 심각한 영향들에 대해서 오늘 말씀드리겠습니다.

2. 지난번에 말씀해 주셨던 것처럼 기후변화로 인해 올리브, 커피 이렇게 우리가 소비하는 생산물의 가격이 오르고 있는데, 오징어 어획량도 줄어들고 있네요. 이 부분 좀 자세히 설명해 주세요.

한국해양수산개발원이 지난 2024년 6월 27일 발표한 자료에 따르면, 6월 첫 주 오징어 총 어획량이 62톤으로 전년 73톤 대비해서 15.1% 감소했다는 내용입니다. 통계청 어업 생산통계 자료에도 2024년 1월부터 4월까지 오징어 생산량이 1,090톤으로 2023년 같은 기간 생산량인 2,172톤의 절반 수준이라는 것입니다. 그래서 2022년 1월, 4월 어획량이 3,485톤을 고려한다면, 매년 1천 톤 이상 감소하고 있다는 것입니다. 이렇게 공급이 줄면서 가격이 오르고 있고요. 그리고 노량진 수산시장의 오징어 1kg 평균 경매 낙찰가격이 4,800원으로 전년 동기 대비해서 11.6% 올랐습니다.

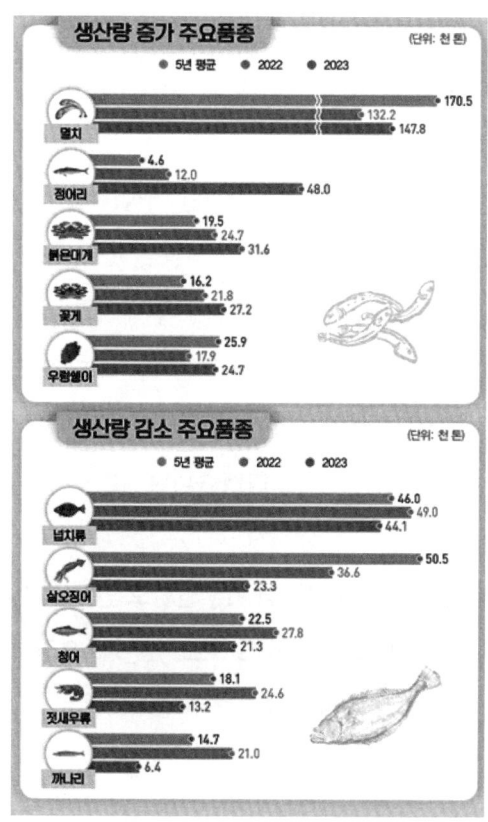

자료: 2023년 어업생산동향조사, 통계청

이렇듯이 기후변화로 어획 자원이 급격히 감소하면서 오징어잡이 배의 감척이나 어선의 형태 전환 이런 것들이 지금 논의되고 있는 실정입니다. 그래서 기후변화가 어업 생산량에 영향을 미치면서 해당 어업인의 생활 안전 대책이나 혁신 방안들에 대한 논의가 필요한 상황이 되었습니다.

3. 그러네요. 소비자 입장에서 가격이 오른 것뿐만이 아니라 어업인의 생활 안전 대책까지 이제 고민해 봐야 되는 상황이 됐어요. 구조 혁신 방안들이 마련돼야겠는데 기후변화의 심각성에 대해서 또 다른 내용들 있다면 말씀해 주시겠어요.

최근 미국 북동부의 폭염으로 인해 링컨 조형물이 눈사람처럼 녹았다는 내용입니다. 미국 워싱턴 DC의 한 초등학교에 설치된 링컨 전 미국 대통령의 밀랍 조형물인데요. 이 지역에 40도 가까이 육박하는 폭염이 며칠째 계속되면서, 이 밀랍 조형물이 눈사람처럼 녹아내렸다는 것인데요. 지난 2024년 6월 24일에 머리 부분이 사라지고, 왼쪽 다리는 상체에서 분리되기까지 해서 이 조형물을 만든 비영리단체에서조차도 무더위 때문에 작품이 망가지는 것을 상상하지 못했다는 것입니다.

4. 웬만해서는 녹아내리지 않는 재료인데요. 밀랍 조형물이 녹아내릴 정도로 기후위기가 심각하고, 이제 예술 작품까지 영향을 미친다고 할 수 있을 텐데요. 이건 정말 상상도 못 했던 일이네요. 그런데 이런 일들의 심각성을 알리는 차원에서 안 들었으면 좋겠지만, 우리가 이제 느껴야 개선할 수 있으니까요. 혹시 다른 내용이 또 있습니까?

지금 미국 대통령 선거 TV 토론이 열리고 있는데요. 지난 2024년 6월 27일 첫 TV 토론에서 기후변화에 대응한 정책에 대해 조 바이든 대통령과 도널드 트럼프 전 대통령 간의 극명한 대립이 있었습니다. 결론부터 말씀드리면, 트럼프가 2024년 11월 대선에서 당선이 되면 파리 기후변화협약에서 또다시 탈퇴할 것이라고 선언을 했습니다. 바이든 대통령은 지난 대선에 당선된 후에 이 협약에 재가입을 하고 기후변화 관련 여러 법안들을 통과시켰는데요. 트럼프 대통령은 재임 시에 파리 기후변화협정에서 탈퇴한 바 있었죠. 미국이 협정을 지속하면서까지 1조 달러를 부담시키고 싶지 않다는 입장입니다. 그리고 트럼프는 바이든 대통령의 친환경 관련 정책들이 그린워싱(Green Washing)이라는 것입니다. 실제로 환경에 악영향을 끼치면서 친환경적인 이미지로 포장하려고 하는 것 아니냐, 녹색 사기 아니냐? 이렇게 주장을 하고 있습니다.

5. 트럼프답네요. 그런데 트럼프가 2024년 11월에 당선이 되면 기후변화 관련된 미국 정책뿐만 아니라 글로벌 정책까지도 영향을 미칠 수가 있겠어요.

그럴 가능성이 큽니다. 제가 지난 2024. 3월에 말씀드렸던 내용이기도 한데요. 11월에 열리는 미국 대선 결과에 따라서 미국의 기후변화 정책들이 크게 달라질 수 있다고 말씀드렸었는데요. 미국의 탄소 배출량이 달라질 것으로 예상됩니다. 트럼프가 승리할 경우, 우선 파리 기후변화협정에 두 번째로 탈퇴할 가능성이 크고요. 바이든 정부에서 추진해 오던 탄소 감축 정책이 힘을 잃을 수 있겠습니다. 특히 바이든 정부의 핵심 기후변화 대응정책인 IRA, 즉 인플레이션 감축법인데요. 이것을 폐기할 것이라고 트럼프가 공약한 바 있습니다.

6. 이제 11월 미국 대선에 따라서 온실가스의 배출량이 늘어날 수도 있다는 것인데요. 이 정도면 심각한 얘기가 될 수 있는 거잖아요. 어떻습니까?

네, 그렇습니다. 2024년 11월에 실시되는 미국 대선에서 기후변화 대응 정책이 완전히 두 후보 간의 극명하게 갈린다고 말씀드렸는데요. 영국의 기후 변화 미디어인 카본 브리프(Carbon Brief)에서 발표한 자료 따르면, 만약 트럼프가 당선될 경우에 현재 바이든 대통령 대비해서 2030년까지 약 40억 톤 가량의 미국 온실가스 배출량이 추가로 발생할 것이라고 전망을 했습니다. 이 정도 양이면 유럽연합(EU)과 일본의 연간 배출량을 합칠 정도의 양이 되고요. 그리고 탄소배출량이 가장 낮은 전 세계 140개 나라들의 연간 배출량을 합칠 정도의 양과 맞먹을 정도의 엄청난 양입니다. 비용으로 따지면 9천억 달러, 한화로 약 1,197조 정도인데요. 이 정도 규모의 글로벌 기후변화가 발생할 것이라는 심각한 내용을 보도한 바 있었습니다.

7. 그럼 이제 앞으로 펼쳐질 미국 대선 결과에 따라서 글로벌 위기를 가속화시킬지 아니면 속도를 늦출지, 이제 지켜봐야 될 일인데 혹시 국가별로 탄소 배출 순위가 있습니까?

글로벌 에너지 소비 통계 사이트 자료인데요. 2023년 기준으로 세계에서 가장 온실가스 배출량이 많은 국가는 27.1%로 중국입니다. 2위는 미국 13.4%, 3위는 8.5%로 유럽연합입니다. 4위는 인도 6.7%, 5위는 러시아 4.3%, 6위는 일본 3.1%를 차지하고 있습니다. 대한민국은 10위로 1.3%를 차지하고 있습니다. 반대로 소말리아, 말라위, 우간다, 르완다, 마다가스카르, 에티오피아, 탄자니아, 케냐 등 이런 아프리카 국가들은 거의 탄소 배출이 없다고 볼 수 있는데요. 그리고 지구온난화로 가장 큰 피해를 보는 곳이 파키스탄과 스리랑카입니다.

2023년 글로벌 탄소배출 순위(IEA, BP 통계)

순위	국가	온실가스 배출 비율
1위	중국	27.1%
2위	미국	13.4%
3위	EU	8.5%
4위	인도	6.7%
5위	러시아	4.3%
6위	일본	3.1%
10위	대한민국	1.3%

8. 이게 불균형이에요. 어떤 나라에서는 배출을 하고, 어떤 나라에서는 그로 인해서 또 피해를 보고 있다고 하니, 이런 불균형이 생기는데 안타깝습니다.

네, 그렇습니다.

9. 최근 탄소배출과 행복지수와 관계 결과가 발표된 걸로 알고 있는데, 이것은 어떤 내용인가요?

독일의 싱크탱크인 '핫 오어 쿨 연구소(Hot or Cool Institute)'에서 '2024년 지구 행복지수 분석 보고서(Happy Planet Index 2024)'를 발표했었습니다. 개인이 느끼는 행복도와 기대수명 가치에 각 나라들의 탄소 배출량을 반영해서, 지표로 환산해서 국민 1인당 탄소발자국을 나눠서 점수를 집계했는데요. 한국의 경우는 기대수명이 83.7세, 행복도 6.1점 그리고 온실가스 배출량을 이산화탄소로 환산한 그 이산화탄소 환산량이 14.39톤으로 모두 38점을 기록을 하면서 147개국 중에서 76위에 올랐습니다.

비교를 해 보면 우리나라와 비슷한 수준을 가지고 있는 스페인의 경우에 기대수명이 83세, 행복도 6.5점 그리고 이산화탄소 환산량이 7.12톤으로 낮아서 한국보다 15점 높은 점수를 받아서 7위에 올랐습니다. 그리고 1위는 남태평양 섬 바누아투, 57.9점 그리고 2위는 스웨덴, 55.9점 3위는 엘살바도르, 54.7점 4위 코스타리카, 54.1점 등의 이런 순서였고요. 흥미로운 것은 전 세계 공장이라고 불리는 중국의 경우에는 41.9점으로 우리보다 높은 51위, 일본은 42.7점으로 49위를 기록했습니다.

10. 탄소 배출을 최소화하면서도 행복하게 사는 나라들이 있네요. 자, 오늘 끝으로 마무리 말씀 부탁드리겠습니다.

이처럼 더 이상 지구를 괴롭히지 않아도 행복하게 살 수 있다는 것을 보여 주고 있는데요. 우리나라 온실가스 배출량이 상승하고 있습니다. 국내총생산, GDP당 온실가스 배출량 기준으로 2023년 6위에 올랐는데요. 2000년 이후 지속적으로 탄소배출국 상위 10개국에 속하고 있습니다. 탄소배출이 지구온난화를 가속화시키는 주범인 만큼 지속적인 우리의 관심과 노력이 절실한 시기인데요. 지구에 과도한 스트레스를 주지 않고 환경 자원을 효과적으로 사용하면서 우리 시민들의 행복한 삶을 보장하는 그런 다양한 기후변화 대응 정책들을 기대해 봅니다. 그리고 지속가능한 환경 활동들이 정부와 환경단체만의 일이 아니라, 우리 개개인들의 가정에서도 다양한 형태로 실천하면서 탄소 발자국을 줄일 수 있겠습니다. 예를 들어, 다회용기 사용, 페트병 라벨 제거 후 분리수거, 음식물 쓰레기 줄이기 또한 퇴비화, 섬유 쓰레기 줄이기 등으로 탄소 발자국을 생활 속에서 실천할 수 있겠습니다.

  미국 백악관 주인이 바뀌면 지구 온도도 달라집니다. 그만큼 기후위기는 정치, 경제, 우리 생활 모두 연결돼 있습니다. 우리도 일상에서 탄소발자국 줄이며, 지구 스트레스 덜어 주는 노력을 지금부터 시작해야 합니다.

11. 인간만 스트레스 안 받을 생각하지 말고, 지구에도 스트레스 주지 않을 생각을 해야겠네요. 오늘도 말씀 잘 들었습니다. 고맙습니다.

II

ESG, 기업의 생존전략이 되다

: 기업들이 ESG를 통해 위기를 돌파하고 있는 성공 예시와 과제

망할 기업 vs. 뜨는 기업, ESG가 갈랐다

1. 오늘은 비즈니스의 성공을 이끄는 ESG 경영 사례에 대해 이야기 나눠 보겠습니다. 요즘에 이야기를 들어 보면 기업마다 ESG 관련해서 관련 부서들도 상당히 많이 만들고 있고, 기업이 ESG를 굉장히 중요하게 생각을 하면서 또 강조하고 있는 것 같습니다. ESG가 왜 이렇게 중요하게 부각되고 있을까요?

최근 몇 년 동안에 환경 경영(E), 사회적 책임 경영(S), 투명 경영(G)으로 대변되는 ESG 경영 전략은 기업들이 이익을 극대화할 뿐만 아니라 지속가능하고 책임감 있는 방식으로 경영하려는 의지로 엄청난 견인력을 얻고 있는데요. 실제로 여러 사례 연구를 보면 ESG가 기업에 미치는 영향과 성공을 강조하면서 이런 관행을 채택하는데 굉장히 중요한 역할을 하고 있습니다. 이제 우리사회에서 ESG는 투자자와 소비자 모두에게 점점 더 중요해지고 있습니다. 그 이유로는 재정적 성공에서부터 사회적, 환경적 영향에 대해 오래 지속되는 긍정적인 변화에 이르기까지 다양합니다.

2. 최근 한 연구를 보니까 ESG 성과가 높은 기업이 투자 수익률도 굉장히

높고 또 긍정적인 영향도 미쳤다는 결과가 있더라고요.

최근 언스트 앤 영(Ernst & Young) 연구에서 보면 ESG가 더 나은 기업의 리스크를 관리하고, 기업 평판을 개선하고, 조직의 혁신 증가와 긍정적인 상관관계가 크다고 보고하고 있고요. 또 이 연구에 따르면, ESG 성과가 높은 기업은 평균 10.4%의 투자 수익률을 달성한 반면에, ESG 성과가 낮은 기업의 경우에는 7.4%를 달성했다고 보고하고 있습니다. 그리고 미국의 글로벌 컨설팅 회사의 하나인 모건 스탠리(Morgan Stanley)의 경우 ESG 중심의 기업이 동종 기업에 비해서 변동성이 낮고 위험 조정 수익률이 높기 때문에 더 매력적인 투자처라는 사실들을 발견했습니다.

3. 그렇다면 ESG 실제 성공 사례를 하나씩 들어서 설명해 주시면 더 좋을 것 같은데요, 대표적인 ESG 성공기업을 꼽는다면 어떤 기업이 있을까요?

먼저, 미국 실리콘밸리에 위치한 글로벌 최대 규모 소프트웨어 기업이죠. 우리가 익히 잘 알고 있는 전 세계 최고의 소프트웨어 회사로 미국 내 시가총액 2위 기업인 마이크로소프트(Microsoft)인데요, 지속가능한 기술의 리더로서 ESG 성공 기업이라고 할 수 있습니다. ESG 등급 평가에서 5년 연속 최고 등급인 트리플 A(AAA)를 유지하면서 혁신적인 기술과 지속가능성에 대한 노력으로 잘 알려져 있습니다. 2020년 ESG 보고서에 의하면 세계에서 가장 큰 환경 문제를 해결하기 위해서 기술과 영향력을 사용하기 위해 최선을 다하고 있는데요, 이런 ESG 노력의 결과로 에너지 효율성을 높이고, 탄소 발자국과 폐기물 발생을 줄였고요, 이 회사는 ESG

이니셔티브로 인해서 100억 달러(2024년 10월 09일 환율 기준으로 약 13조 4천억 정도)의 매출이 증가했습니다.

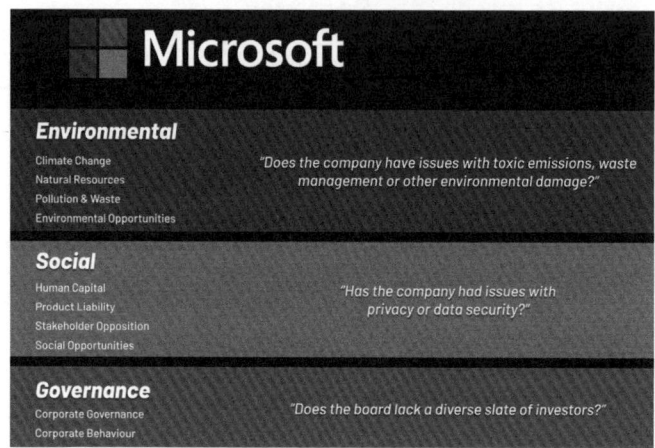

출처: Genuine Impact Blog, https://www.genuineimpact.io/insights/esg-as-a-framework

4. 환경 경영(E)과 관련해서 소개를 해 주셨는데요. ESG 성공 기업 사례로 사회적 책임 경영(S) 관련해서 소개를 해 주실 건가요?

두 번째 ESG 성공사례 기업인데요. 글로벌 경영 컨설팅 기업입니다. 액센츄어(Accenture)는 '지속가능한 비즈니스 전략(Sustainable Business Strategy)' 프로그램을 통해서 탄소 배출량을 줄이고, 다양성과 포용성을 ESG 전략의 핵심 구성 요소로 삼아서 리더십 직책의 다양성과 대표성을 높였고, 보다 포용적인 직장 문화를 조성하는 결과를 가져왔습니다. 360° 가치 창출이라는 렌즈를 통해서 지속가능성 전략으로 비즈니스 사례를 구축한 결과로 직원 참여도가 20% 그리고 고객 만족도가 17% 또한 주주 가치도 20% 증가했습니다. 또한 360° 가치창출과 관련된 "Diversity & Inclusion 360"이라는 전략을 구현한 이후에 매년 포브스(Forbes)의 "다양성을 위한 최고의 고용주" 목록에 선정되기도 했습니다. 그래서 S 부분에 강조되는 점이 있습니다.

또한 액센츄어는 고객과 협력하여 지속가능성을 위한 공급망 최적화 및 에너지 효율성 향상 등 환경 영향을 줄이는 기술을 개발하고 구현하고 있습니다.

5. 그렇군요. 마지막으로 세 번째 사례도 소개해 주실 텐데요. 이제 미국의 창고형 대형 할인 마트네요. 전북 익산 왕궁에 2025년에 곧 생기죠.

네. 이 회사 설립자인 짐 시네갈(Jim D. Sinegal) 회장이 '한국만 생각하면 눈물이 난다.'고 인터뷰를 했던 것이 한동안 화제였었는데요. 전 세계에서 가장 매출이 높은 코스트코(COSTCO) 지점이 서울 양재점 아니면 세종시점이 한국에 있기 때문입니다. 미국의 유명한 소매 대기업이죠. 이 창고형 대형 할인 마트는 지속가능한 공급망을 구축하는 지속가능성과 윤리적 소싱(sourcing) 관행에 집중하고 전념하면서 기업 경영을 변화시키는 성공 법칙을 따르고 있는데요. 보통 성공 요인으로 양질의 제품을 경쟁사에서 보다 저렴하게 구매할 수 있도록 하는 경영 방식이라고 생각할 수 있지만, 이 기업에는 낮은 가격보다는 더 중요한 것이 있습니다.

6. 네, 어떤 것인가요?

바로 "고객들에게 싸게 파는 것이 아니라, 고객이 가치를 사도록 해야 한다."라는 경영 원칙인데요. 이 원칙을 철저하게 내부에 공유하고 실현할 수 있는 방안을 찾았는데 그중에 하나가 노동자에 대한 미국 유통업계 최고의 대우입니다.

7. 그래서 이 기업은 급여뿐만 아니라 복지 수준도 최고라고 알려져 있더라고요?

네, 그렇습니다. 최근 한 기사에 따르면 미국 유통업계에서 의료보험을 제공받는 노동자 비율이 평균 60%에 불과한데 비해서, 이 기업은 90%가 넘습니다. 그리고 이 회사는 지난 몇 년 동안 폐기물을 줄이고 지속가능한 농업을 촉진하면서 여러 ESG 이니셔티브를 구현했고요. 2020년 ESG 보고서에 따르면 ESG 노력을 통해서 고객 만족도가 20% 증가하고, 직원 참여도가 15% 증가했고요. 주주 가치가 10% 증가했습니다.

8. 이런 기업들의 성공 사례들이 ESG 경영 기업에 긍정적인 영향을 보여 주고 있는 것 같습니다.

네, 맞습니다. 결론적으로 말씀드리면 기업 경영의 혁신적인 개선과 가속화를 지속함에 따라 시장 점유율이 증가한다는 사례를 보여 주고 있습니다. 이런 기업들의 성공은 ESG 이니셔티브가 기업에 미칠 수 있는 긍정적인 영향을 보여 주고 있는데요. 이제 ESG는 단순한 트렌드가 아니라 성공적인 비즈니스의 중요한 사실임이 분명합니다. 따라서 점점 더 많은 기업들이 지속가능하고 ESG의 중요성은 계속 커질 것이라는 생각입니다. 최근 지방 기업들의 ESG 경영이 대기업을 제외하고 준비가 턱없이 부족한 상황이라는 뉴스 보도가 나왔는데요. ESG 경영이 선택이 아닌 필수로 ESG 공시 도입이 절실한 상황입니다. 따라서 중앙정부 및 지역의 시군 지방자치단체들은 중소기업들을 위해서 현장의 목소리를 반영한 ESG 지원 정책들이 마련됐으면 하는 바람입니다.

2024년, ESG 없는 기업은 퇴출이다

1. 오늘은 2024년에 주목해야 하는 ESG 5가지 트렌드 관련해서 이야기를 나눠 보도록 하죠. 교수님 안녕하세요. 이제 2023년 올해가 얼마 남지 않았습니다. 요즘 서점 가 보니까요? 2024년 내년 트렌드를 예측하는 책들이 상당히 많이 나와 있던데 그중에 ESG 관련한 것들도 상당히 좀 눈에 띄더라고요. 그만큼 이제 ESG가 중요하다 그런 얘기가 될 것 같은데, 특히나 2024년 내년이 ESG와 기업의 지속가능 경영 전략에 있어서 상당히 중요한 한 해라고요.

네. 그렇습니다. 2023년 올해에 다양한 국제기구들과 각국의 정부들이 기후 관련한 법안과 ESG 보고 사항들을 법으로 통과시켜 놓고 있어서 2024년을 ESG와 기업의 지속가능성에 있어서 중요한 해로 설정했기 때문입니다.

2. 그렇다면 교수님 내년에 우리가 주목해야 할 ESG 관련한 트렌드 미리 좀 알아보는 시간을 가지면 상당히 좋을 것 같습니다.

네, 2024년에 주목해야 할 ESG 상위 5가지 트렌드 중에 첫 번째는 ESG 접근 방식이 자발적 보고에서 의무적 보고로 바뀌면서 ESG 규정을 준수해야 하는 해가 될 것입니다.

3. 2024년부터는 ESG 공시를 의무적 보고로 바뀐다는 말씀이시죠?

네, 특히 환경적 영향과 기후 변화 관련해서 문제가 있는 부분들을 기업들에게 투명하게 보고해 달라는 요구가 2023년에 정점에 달했는데요. 이런 새로운 보고와 공개 요구 사항들이 2024년 이후부터는 기업의 지속가능성과 ESG 의무적 보고로 새로운 물결을 일으킬 것 같습니다. 그리고 국제기구들의 ESG 규정 지침들을 보면 공공이나 비상장 기업들의 지속가능성 측정과 보고 사항들을 강제할 것 같은데요. 이런 변화들이 궁극적으로 기업들이 생산하는 제품과 서비스에 대해 탄소 배출량 영향을 보고하는 방식을 근본적으로 변화시킬 것이라는 생각입니다.

4. 그렇군요. 추가로 이제 많이 언급되고 있는 내용 중의 하나가 미국 상장 기업과 수출 기업들은 2024년부터 보고를 의무화한다. 이런 얘기가 있더라고요.

네. 미국 증권거래위원회(SEC)에서 지난 3월에 기후 변화 리스크와 그 영향에 대해서 상장 기업들에게 공시를 확대하는 새로운 규칙을 제안했는데요. 이 규칙은 모든 상장 기업들에게 적용되고 2024년부터 보고를 의무화할 가능성이 높기 때문에 2024년에는 기후 관련 보고와 공시 노력을 강화할 것으로 예상됩니다.

5. 다음으로, 살펴볼 부분이 내년 2024년은 실제로 친환경적이지 않은데 기업 이미지를 좋게 포장하는 그린워싱(Green Wahsing)을 막는 ESG 공시를 한다고요.

네, 두 번째 트렌드에서 주목해야 할 점은 그린워싱입니다. 그린워싱은 기업의 지속가능성 노력이 약하거나 친환경적인 모습으로 포장하는 위장 환경주의 다른 말로 친환경 위장술로 불리는데요. 그린워싱으로 눈속임을 하거나 공시를 소홀히 했다가는 미국처럼 관련 법을 엄격하게 적용하는 나라에서는 각종 소송 리스크에 휘말릴 수가 있어서 2024년 이후에는 더 강력한 법적 정의와 결과가 뒷받침될 것으로 보여집니다.

실제 유럽연합에서는 그린워싱을 금지하는 합의에 도달했고요. 오해의 소지가 있는 광고를 만들지 않고 소비자들에게 보다 나은 제품 정보를 제공하기 위해서 새로운 규칙을 제정해야한다고 주장하고 있는데요. ESG 데이터를 갖추지 못한 상태로 그린워싱으로 낙인이 찍혔을 때는 글로벌 시장에서 퇴출되는 것은 시간문제가 될 것 같습니다.

그래서 기업들이 운영하는 ESG 관련 부서에서는 주요 관심사가 될 것 같고요. 특히 환경 관련한 요구 사항들을 준수할 수 있도록 커뮤니케이션 부서 및 마케팅 부서들과의 긴밀한 협조가 필요할 것으로 예상됩니다.

6. 참고로 그린워싱이라는 것이 기업이 실제로는 환경에 굉장히 안 좋은 영향을 끼치는 제품들을 만들면서도 광고나 어떤 캠페인 같은 걸 하면서 우리

기업은 친환경적입니다. 이런 이미지를 내세우는 것을 말하는 것이죠?

네, 맞습니다. 이미지 세탁한다고 생각하시면 됩니다.

7. 그리고 다음으로, 내년 트렌드에서 주목해야 할 부분이 기후 관련 재무 공시가 의무화되네요.

네, 그렇습니다. 세 번째 트렌드로는 기후 관련 재무공시가 의무화됨에 따라서 ESG가 점점 더 CFO, 즉 기업 내부에 재무전문가와 지속가능성에 대해서 긴밀한 통합이 이루어질 것으로 예상되는데요. 예를 들어 석유 회사들이 석유나 가스 매장량과 재고들을 재무제표에 기록한 내용들뿐만 아니고 미래에 탄소 배출세 같은 화석 연료를 생산하는데 이런 단점들을 계산해야 할 수도 있습니다.

8. 네, 현재까지는 많은 기후 관련 보고서에서 공급망 배출을 피했었는데 이제 소비자들은 제품의 탄소 발자국과 수명 주기에 대한 투명성 등도 요구를 하고 있죠.

네, 네 번째 트렌드로는 많은 기후 관련 보고서에서 스코프 3(Scope 3), 즉 공급망(supply chain) 배출을 피했었는데요. 이런 그 스코프 3, 범위 3 위라고 우리가 이야기할 수 있는데, 이런 스코프 3이 기업의 총 탄소 발자국의 90% 이상을 차지하고 있어서 소비자들이 제품의 탄소 발자국과 수명 주기에 대해 더 나은 투명성을 요구하고 있습니다. 예를 들면 협력업체들이 투명성이나 성과의 책임성을 강화해야 한다는 거죠. 이렇게 이해하시면 될 것 같습니다. 스코프 3은 면화 생산자부터 섬유 제조업체, 해상 운송, 트럭 물류에서 소비자에게 전달되는 전 과정에 이런 공급망의 모든 측면들의 일부인데요. 그러니까 직접적인 제품 생산 외에도 협력업체와 물류는 물론이고 제품 사용과 폐기 과정에서 발생하는 총 외부 탄소 배출량을 의미하고 있습니다.

이런 의미는 대규모 기업의 협력 업체들이 앞으로 기업 규모에 관계없이 탄소 회계를 시작하거나 개선해야 할 가능성이 높다고 볼 수 있겠고요. 그래서 2024년에는 기업들이 기후 관련 보고에 있어서 공급망에 더욱 중점을 두게 될 것으로 예상되기 때문에 모든 산업에 걸쳐 심층적인 변화의 기반이 될 것으로 보여지고 있습니다.

9. 매거진 포커스 오늘은 내년에 주목해야 하는 5가지 ESG 트렌드 관련해서 이야기를 나눠 보고 있는데요. 2024년에는 지속가능성 보고가 공기업이나 상장 기업의 영역을 넘어서서 민간 기업까지 이렇게 확대가 된다고요.

네, 맞습니다. 마지막 다섯 번째 트렌드로는 최근에 미국 캘리포니아 법안의 기후 공개법인 2개 법안 SB253과 261 법안, 그리고 EU의 CSRD, 즉 지속가능성 보고 지침인데요. 이것들이 공공이나 민간 기업을 모두 포함한다는 점에서 주목할 만합니다. 이런 새로운 법안들이 스코프 3 배출에 대해서 보고하도록 요구하고 있다는 사실이고요. 이 스코프 3 요구사항은 의무적 보고 부담을 공급 업체로 확대하고 있는데요. 다시 말씀드리면 대규모 공공이나 민간기업 제품을 공급하는 모든 개인 소유 기업들이 이런 결과를 공개적으로 보고하는지 여부에 상관없이 탄소 계산을 시작해야 할 가능성이 높은데요. 이런 협력업체 기후 관련 보고 의무인 스코프 3은 든 산업에 걸쳐서 근본적인 변화의 기초가 될 것으로 예상이 됩니다.

10. 자, 마지막으로, 교수님 2024년은 ESG에 있어서 어떤 한 해가 될지 정리를 좀 해 주신다면 무엇이 있을까요?

결국, 2024년은 ESG를 결정짓는 중요한 한 해가 될 것 같은데요. ESG가 2023년에는 주류 기업 경영에서 도전받는 해였다라고 한다면, 2024년은 ESG가 바로 여기에 있음을 증명할 것이라는 생각이고요. 2024년은 기업이 ESG를 단순히 규정 준수나 전략 관리 실행이 아니라 기업의 비즈니스 모델을 처음부터 재설계해야 하는 기회로 진지하게 받아들이기 시작하는 해가 될 것입니다.

그래서 ESG 통합이 기업들의 경영 전략이 다시 작성되면서 조달 전략이나 마케팅 그리고 기업의 커뮤니케이션 노력이 바뀔 것이고요. 2024년에 ESG는 더 이상 단순히 기업 경영에 추가 기능이 아니라 비즈니스 전략의 핵심 부분이 되는 해가 될 것으로 보여집니다.

죽은 지구에 음악은 없다

1. 세계 산업 전반에서 이산화탄소 배출량을 제로(zero)로 만드는 탈탄소 정책이 화두죠. 이런 가운데 음반 산업도 음악 탈탄소화를 시도하고 있다고 합니다. 오늘 관련해서 이야기 나눠 보도록 하겠습니다. 교수님 안녕하세요.

네, 안녕하세요.

2. 기후위기로 지구가 사라진다면, 우리가 사랑하는 음악도 멈추게 되는 것이죠. 최근 음악 산업에도 '탄소 성적표'가 붙고 있네요. 무대 뒤에서도 지구를 지키기 위해 노력하는 뮤지션들이 늘어나고 있다고요?

네, 오늘은 음악 산업이 탄소 배출과 어느 정도 연관성이 있는지 알아보는 시간인데요. 영국의 BBC는 그동안 음악계도 온실가스 배출의 주범 중 하나라고 지적했습니다. 이런 탄소 발자국의 문제들을 무대 안팎에서 지우려고 노력하고 있는 세계적인 팝스타들의 영향력에 대해서 말씀드리겠습니다.

3. 선한 영향력이 되겠네요. 우선 음악 산업이 어느 정도 탄소 배출을 해 왔는지를 먼저 좀 알아볼 필요가 있겠는데요.

네, 최근 세계적인 팝스타 테일러 스위프트(Talor Swift)가 월드 투어 중에 남자친구가 출전한 미국 프로풋볼인 슈퍼볼(NFL, Super Bowl) 경기 관람하러 일본 공연이 끝나자마자 미국 라스베이거스(Las Vegas)로 자신의 전용기를 타고 날아왔죠. 미국 워싱턴포스트가 지적을 했는데요. 스위프트가 라스베이거스에서 공연을 위해 다시 호주 멜버른(Melbourne)으로 이동하면 대략 29시간 비행으로 약 33,000리터 연료를 소모하고 이 과정에서 배출되는 탄소량이 약 90톤에 이른다고 합니다. 이 정도라면 1년 내내 평균 미국인 6명이 배출하는 탄소량보다 많다고 하고요. 그리고 영국에서는 음악 축제로 24,000톤 이상의 탄소 배출과 25,800톤 정도의 폐기물이 발생했는데요. 7,000,000톤 이상의 연료가 사용됐다고 합니다.

4. 네, 엄청난 양이네요.

또 세계 최대 음악 축제인 미국의 코첼라 음악 축제(Coachella Valley and Arts Festival)가 열리는 동안에 매일 약 107톤가량의 쓰레기가 배출됐다고 하고요. 근데 문제는 이 중에서 대부분 재활용이 불가능하다는 것입니다.

5. 매일 107톤이요.

네, 그렇습니다. 그리고 폴란드의 음악 예술 축제인 언사운드 페스티벌(Unsound Festival) 기간에는 약 943톤 정도의 탄소 배출량이 발생한 것으로 추산되고 있습니다.

6. 엄청난 양이네요. 정말 요즘은 우리나라에서도 축제에서 쓰레기 없는 축제를 하자 그래서 음식도 다회용기에 사용하기도 하고 쓰레기를 줄이려는 노력들을 굉장히 많이 하잖아요. 그런데 축제를 하다 보면 쓰레기가 나올 수밖에 없는 그런 구조이긴 한데요. 개선해야 할 부분이 많이 있긴 하지만 일부 지속가능성을 추구하고 있는 그런 친환경 뮤지션들이 있다면서요.

네, 그렇습니다. 국내에서는 말씀하셨듯이 ESG 축제가 진행되고 있고요. 먼저 이런 뮤지션들 중에는 스타일리시(stylish)한 음악과 성찰적인 메시지로 굉장히 주목받고 있는 그룹인데요. 영국의 'The 1975' 밴드입니다. 음악 산업과 밴드 팬들 모두를 위해서 보다 지속가능한 미래를 만들려고 노력하고 있는 밴드인데요. 투어가 시작되면 팬들이 기존의 상품들을 가져와서 무료로 최근 앨범 아트를 인쇄하게 했고요. 오래된 굿즈(goods)를 업-사이클링으로 용도를 변경해서 앨범 작업도 하고 있고요. 그리고 비영리 환경단체인 리버브(Reverb)와 연대해서 보다 지속가능한 투어를 진행하고 있습니다.

그리고 가장 인상적인 것은 이 밴드의 정규 4집 앨범인데요. Notes on a Conditional Form 첫 곡으로 스웨덴의 기후변화 활동가인 그레타 툰베리(Greta Thunberg)가 같이 피처링으로 협업해서 타이틀곡을 작업했습니다. 그래서 이 곡에서 툰베리는 붕괴된 기후변화 대응 시스템에 대해서 비판했고요. 그리고 툰베리가 나레이션으로 우리는 더 이상 규칙에 따라 행동해서는 세상을 구할 수가 없다. 여러분 이제 우리는 반란을 일으킬 시간이다. 이렇게 기후변화에 대한 경고와 대응을 강력하게 외치면서 영향력을 발휘하고 있습니다.

7. 기후 운동가와 이렇게 협업을 했군요. 또 다른 뮤지션들도 이렇게 탄소 발자국 활동을 하는 뮤지션이 있나요?

네, 있습니다. 2022년 3월 세계 투어를 다시 시작하면서 포스트 코로나 시대에 새로운 방식으로 전 세계 팬들과 만나고 동시에 지구를 살리는 데 기여할 수 있는 방법을 만든 그룹인데요. 세계적인 락 그룹 콜드플레이(Cold Play)입니다.

'지속가능한 지구 음악 투어'를 위해서 우주 지구 환경이라는 콘셉트로 콘서트를 시작했는데요. 이 밴드는 월드투어 기간에 탄소 제로(Carbon Zero) 공연장만 사용하고 있고요. 그리고 공연에 사용하는 에너지도 부분적으로 자체 생산하도록 그 뒤에서 자전거도 자원해서 사람들이 밟고 있고요. 춤추는 운동 에너지를 전기로 바꿔서 무대를 충전하고 있고요. 그리고 공연장 바에서는 종이로 된 컵 포장용지만 사용할 수 있도록 했습니다.

무엇보다도 공연 티켓의 수익금이 기후 온난화, 바다 쓰레기 처리, 지구 살림 보존에 쓰인다고 합니다. 그리고 이 밴드는 소비는 줄이고, 재활용 노력은 늘리고, 그리고 녹색 기술을 구현하면서 자신들의 영향력을 정말 잘 활용하고 있다는 생각이 듭니다.

8. 네, 야광팔찌 같은 거 콘서트장 가면 많이 사용하잖아요. 팬들이 걸고 있잖아요. 그런데 콜드플레이가 이것을 재활용 가능한 야광 팔찌로 사용했더라고요. 거기다 또 재미있는 것이 팬들이 가만히 있질 않잖아요. 막 껑충껑충 뛰고 춤도 추고 그렇잖아요. 이렇게 바닥에 팬들이 발로 구르면 전기가 만들어지는 장치를 만들어 놓았다고 해서 조금 화제가 됐던 걸로 기억을 합니다. 또 이렇게 지속가능성을 추구하는 뮤지션이 있다면 누가 있을까요?

영국의 대표적인 밴드 매시브 어택(Massive Attack)인데요. 이 밴드는 중독성 있는 비트와 춤출 수 있는 음악으로 유명하기도 하지만, 지속 가능한 영역에서도 크게 명성을 얻고 있습니다. 티달 기후변화연구센터(Tyndall Centre for Climate Change Research)와 파트너십을 맺고 이 밴드는 개인 제트기를 사용하지 않는 것에서부터 투어를 위해서 전기 운송 수단으로 전환하는 것까지 음악 산업이 탄소 배출량을 최소화할 수 있는 다양한 방법들을 설명하고 있고요. 음악 산업 밖에서도 이들은 정부의 기후 위기에 대한 조치를 계속 강력하게 요구하고 있습니다.

9. 네, 생각하던 것보다 훨씬 더 다양한 뮤지션들이 이렇게 탈탄소(Net Zero) 정책에 앞장서고 있네요. 또 어떤 밴드가 있을까요?

네, 수년 동안 지속가능한 투어에 집중하고 있는 영국의 록밴드 라디오 헤드(Radio Head)가 있습니다. 2008년 이 밴드는 이미 투어에서 일회용 컵을 교체하는 것부터 투어 차량에 바이오 연료를 사용하는 것과 항공 화물을 금지하는 것 등 이런 친환경적인 조치를 시행하고 있고요. 2019년 라디오 헤드 공식 웹사이트가 해킹당하면서 범인이 미발매 음원을 훔쳐서 돈을 요구한 사례가 있었는데요. 이때 라디오 헤드는 밴드캠프(Bandcamp)라고 하는 사이트에 음악을 공개하는 것으로 응답을 하고요. 발생되는 수익금 전액을 환경운동단체인 익스틴션 리벨리온(Extinction Rebellion), 멸종 저항이라고 하는 단체에 기부한 사례가 있습니다. 지극히 환경을 살아가는 개념 스타라고 할 수가 있겠습니다.

10. 그렇네요. 이 라디오 헤드 같은 경우는 2008년부터 이미 투어에서 일회용 컵 사용하지 않고 꽤 오래전부터 시행을 해왔네요. 또 다른 뮤지션이 있다면요.

네, 미국의 힙합 가수인 리조(Lizzo)의 경우에 비건 채식을 굉장히 맛있게 만들어서 인스타그램이나 틱톡 등의 SNS에 팬들에게 비건 음식이 얼마나 맛있을 수 있는지 보여 주고 있는 사례고요. 다른 연예인들하고는 좀 다르게 자동차를 소유하고 있지 않습니다. 본인이 차를 구매하면 전기차를 선택할 거라고 이렇게 말하고 있습니다.

그리고 데이브 매튜스(Dave Matews) 밴드라고 하는 이 밴드는 2019년까지 탄소 배출량을 1억 2,100만 파운드 줄이고 환경 문제를 위해서 200만 달러 이상을 모금한 적이 있고요. 콘서트 투어에서 일회용 플라스틱 줄이기라든지, 투어 차량에 바이오 디젤 연료를 사용하는 것에 중점을 두고 있습니다. 이 밴드는 UN 환경 프로그램의 친선 대사이기도 합니다. 그래서 2009년 이 밴드가 기후변화와 해수면 상승을 다루는 노래 'Dive In'

을 발표했는데요. 인상적인 가사로는 "고드름이 높고 물이 차오르는 것을 지켜보세요. 여름 바람은 영원히 불 것이고. 해안으로 내려가 신발을 벗고 텅 빈 바다에 다이빙을 해요." 이런 노래로 기후 위기와 관련된 메시지를 던지고 있습니다.

11\. 네, 이렇게 영향력 있는 뮤지션들이 탄소 배출 줄이기에 앞장서고 있는데, 아무래도 이런 활동을 쭉 하다 보면 팬들도 환경 문제를 한 번 더 생각하게 되는 그런 영향이 있을 것 같습니다. 마지막으로, 정리 말씀을 해주시겠어요. 교수님.

네, 많은 뮤지션들이 음악계와 그 이상으로 지속가능성에 있어서 큰 진전을 이루고 있는데요. 더 많은 아티스트들이 이와 같은 노력에 동참하고 있는 상황이고요. 그리고 이들 아티스트들의 캠페인이 많은 사람들에게 긍정적이고 강력한 영향을 주고 있습니다. 기후위기가 악화됨에 따라서 기술과 혁신 그리고 이들의 영향력을 통해서 탄소 집약적인 노래와 월드투어 시 발생하는 탄소량을 줄이기 위해서 노력하는 모습들이 그리 놀랄 만한 것은 아닌 거 같습니다.
'죽은 지구에 음악은 없다.'라고 할 수 있듯이 이런 뮤지션들의 환경 커리큘럼이 미래 세대에게 영감을 주고 있고 그리고 그 영향력이 계속해서 커지기를 기대해 봅니다.

12\. 아~ 죽은 지구에 음악은 없다. 멋지네요. 오늘 말씀 여기서 마무리하겠습니다. 고맙습니다.

과자봉지가 지구를 구한다고?

1. 요즘 마트 가면 과자봉지, 플라스틱 포장이 엄청 많던데... 이게 지구를 구한다고요?

네, 요즘 그 포장지들이 '지구 살림꾼'으로 변신 중이에요. 지속가능한 패키지, 즉 지속가능한 포장이 우리 사회에서 관심이 커지고 있는데요. 최근 EU 의회에서도 포장폐기물에 관한 규제안에 대해서 잠정적인 정치 합의에 도달했다고 발표한 바 있고요. 이 포장재를 100프로 재활용한다거나 재사용 그리고 비료화를 통해서 환경 영향을 최소화하는 최신 지속가능한 포장 트렌드에 대해서 말씀드리겠습니다.

2. 과대포장이 문제가 되고 있으니까요? 그런데 지속가능한 포장이라고 말씀을 하셨어요. 이것이 뭔지 자세히 설명 좀 부탁드리겠습니다.

지속가능한 포장이라는 것은 불필요한 과대포장의 감소를 포함하고요. 이를 통해서 포장비용뿐만 아니라 환경 전반에 영향을 줄 수 있는 것입니다. 그래서 지속가능한 포장은 제품포장 그리고 보관 배송 또는 진열에 있어서 친환경 솔루션을 적용하기 위한 접근 방식이다. 이렇게 말씀드릴 수 있겠습니다. 그리고 기존 포장 옵션보다 환경에 덜 해로운 재료와 공정을 선택하는 것인데요. 결국 인간과 환경에 모두 유익한 이슈고요. 수백 년 동안 매립지에서 방치되지 않고 이를 통해서 영양분으로 땅에 돌아갈 수 있는 포장재를 우리가 상상해 보시면 됩니다.

3. 네, 쓰레기 문제가 심각한 상황이기 때문에 이 부분도 절대 간과할 수가 없는데 그렇다면 어떤 특징을 가지고 있습니까? 지속가능한 포장이요.

이 포장은 우리가 생각하는 환경에 적합한, 즉 합리적인 시간 내에 자연 요소로 분해돼서 환경을 오염시키기보다는 환경에 긍정적으로 기여되고 생분해되는 특징이 있습니다. 예를 들어 종이 그리고 바이오플라스틱 이런 식물성 소재 같은 친환경적이고 재생 가능하고 재활용이 가능한 소재로 제작되는 재활용성의 특징이 있고요. 재생 가능한 원료로 만들어서 시간이 지나도 재료가 보충되는 그런 재생 가능한 자원을 활용한다는 큰 특징이 있습니다.

4. 자, 그러면 현재 플라스틱 폐기물에 대한 문제가 상당히 심각한 수준인데 어느 정도인지 알 수 있습니까?

플라스틱은 온실가스를 배출하고 특히 지역사회 취약계층을 힘들게 만들어서 기후변화를 가속시키는 세계적인 문제인데요.[2] UN 환경계획(UNEP)에 따르면 매일 2천 대 분량의 플라스틱 쓰레기를 가득 실은 트럭이 전 세계 바다나 강 그리고 호수에 버려지고 있다고 보고했습니다. 이것은 매년 생성되는 플라스틱 폐기물의 약 3억 6천만 톤에 해당되는 양이구요. 이 50%는 포장재에서 발생이 되고 30%는 건설이나 산업 그리고 농업용 플라스틱 폐기물에서 발생하고 있습니다.

5. 이렇게 매일 2천 대의 쓰레기 트럭에 가득 실은 것과 맞먹는 양이라고 하니까 굉장히 심각하다 싶은데 지속가능한 포장재로 어떤 재료들을 활용할 수 있는지 최근 트렌드가 있습니까?

네, 최근에 생분해성과 식용 특성 때문에 식품을 기반으로 하는 지속가능한 포장에서 바다 해초가 뛰어난 소재로 등장했습니다. 그래서 인도네시아 기업의 혁신가들이 퇴비화하거나 따뜻한 물에 용해시키는 방식으로 자연적으로 사라지는 그런 포장 솔루션을 개발했는데요. 이런 바다 해조류는 해양 환경에서 풍부하게 자랄 수 있고요. 비료나 담수 그리고 재배용 토지가 필요하지 않기 때문에 환경에 대한 영향이 굉장히 적은 자원이라고 할 수 있습니다. 그리고 이 해조류의 장점으로는 재배하는데 이산화탄소를 흡수해서 기후변화의 영향을 완화하는 데도 좋다고 합니다.

---

2) 플라스틱은 석유화학 시설 인근 지역에 거주하는 주민들의 건강을 해치고 저소득층과 소외계층에 더 큰 피해와 불평등한 영향을 미친다. 대부분 저소득층이 자연재해에 매우 취약한 지역에 살고 있기 때문에, 저소득층이나 사회적 취약계층에서 더 큰 피해를 주고 있다.

그리고 특히 이 인도네시아 기업이 최근에 영국 윌리엄 왕세자가 출범시킨 '어스샷 프라이즈 론치패드(Earthshop Prize Launchpad)'라는 곳에서 수상도 했고요. 자금을 투자받기도 했습니다. 참고로 어스샷 프라이즈 론치패드는 기후 관련 혁신기업과 투자자 그리고 후원자를 연결시켜 주는 환경 플랫폼입니다.

6. 환경 문제에 있어서는 해초가 효자네요. 이럴 때 해초가 많이 활용이 됐으면 좋겠고, 많은 사례들이 있을 것 같은데, 대표적인 사례 몇 가지만 더 말씀해 주시죠.

네, 폐기물을 재활용하는 업-사이클링(up-cycling)인데요. 폐기물도 줄이고 천연지원을 절약하면서 폐기되는 재료로부터 경제적인 가치를 창출하는 그런 순환경제에 기여하고 있는데요. 예를 들어 영국 런던에 본사를 두고 있는 스타트업 비팩스(Bpacks)의 경우에 나무껍질 기반으로 한 새로운 포장기법을 개발했습니다. 이 스타트업이 사용하는 천연 소재는 1개월에서 2개월 내에 습한 토양에서 완전히 분해된다고 합니다.

그리고 최근에 미국 사우스 다코다 주립대학의 스리니바 자나 스와미(Sriniivas Janaswamy)라는 교수가 커피 찌꺼기로 플라스틱 필름을 대체할 수 있는 필름을 만들려고 시도 중이고요.

7. 아주 획기적이네요.

네, 그렇죠. 이 필름의 경우에 토양에 노출되면 45일 이내에 생분해가 된다고 합니다. 그리고 최근에 우리가 즐겨 먹는 아보카도 있잖아요. 이 아보카드 폐기물을 혼합해서 만든 바이오플라스틱이 기존의 플라스틱 포장재보다 인장강도가 최대 49% 강한 지속가능한 소재로 드러났습니다.[3]

8. 와, 이렇게 다양한 자연친화적인 재료들을 이용할 수가 있네요. 왜 그동안 안 했을까 싶은데 앞으로 이런 연구들이 활발하게 이어지고 이런 스타트업 기업들이 많이 생겨났으면 좋겠네요. 그런 차원에서 각국 정부가 지원해 줄 필요도 있을 것 같고요.

네, 그렇습니다.

9. 포장시장에서 대체 재료가 이렇게 다양해지고, 있는데, 조금 생소한 지속가능한 포장이 있다고 하는데 이것은 뭡니까?

굉장히 생소한 포장 방법인데요. 심을 수 있는 포장인 플랜테이블 패키징(Plantable Packaging)이라고 합니다. 이것은 포장지 안에 씨앗이 있어서 이 포장을 사용한 후에 씨앗이 자라날 수 있도록 내장된 포장 기술입니다.

10. 이해가 잘 안 되네요. 너무 생소하니까요?

---

3) 인장강도는 재료의 세기를 나타내는 힘으로 재료가 절단되도록 끌어당겼을 때 견디는 힘이다.

네, 그러니까 우리가 생각하는 포장재는 재활용 재료나 천연재료로 만들어지는데요. 폐기물을 녹색성장으로 전환하는 그런 지속가능한 포장의 새로운 차원의 방법이라고 할 수 있겠습니다. 이 포장재가 토양에 묻혀서 꽃이나 허브가 내 집 앞마당 그리고 또는 베란다에 활짝 피어 있는 것을 상상해 보면 되겠습니다.

11. 쓰레기를 버렸는데 여기서 꽃이 핀다는 것이잖아요. 그렇죠?

이렇게 자라는 동안에 분해될 수 있도록 하는 환경 씨앗을 포함하고 있는 것이죠. 그런데 문제는 이런 환경 씨앗의 성공 여부가 포장재를 심는 환경 조건에 따라 달라질 수 있겠고요. 그리고 외래 식물종의 확산을 방지하기 위해서 서로 다른 지역이나 국가 간의 종자이동 또는 운송이 제한될 수도 있겠죠.

12. 이런 문제들이 있기 때문에 계속 연구를 거쳐서 보완할 수 있으니까요. 최근 글로벌 대표 음료 회사에서 플라스틱 폐기물을 관리하기 위한 방안을 개발 중이라고 하는데 어떤 내용입니까?

최근 이 회사가 새로운 음료수병에 디자인이 크게 다르지는 않은데요. 플라스틱 병 무게를 줄여서 플라스틱 폐기물도 줄이고, 음료수를 운반하는 과정에서 발생하는 탄소 배출량도 줄여서 이 기업의 기후 목표 달성에도 기여하자는 취지로 포장 방법을 혁신하고 있습니다.

13. 병의 무게도 환경오염을 만들어 낼 수 있네요.

그렇습니다. 이제 플라스틱 병의 무게를 감축하는 것도 굉장히 도움이 되겠죠. 그리고 이런 플라스틱 폐기물이 전 세계적으로 굉장히 골칫거리다 보니까 이것을 보다 잘 관리하기 위해서 디지털 워터마크를 개발 중이라고 합니다. 그러니까 보통 디지털 문서를 만들 때 워터마크를 삽입해서 무단 복제를 막고자 하는 방법인데요. 현재 10% 정도에 불과한 재활용 플라스틱의 양을 대폭 늘리기 위해서 이 플라스틱 포장에 눈에 띄지 않을 정도의 우표 크기 정도로 디지털 워터마크를 넣어서 포장 재료에 대한 정보를 넣는다는 것입니다.

이제 플라스틱 폐기물이 재활용 센터로 유입이 되면 분류 장치에 설치돼 있는 고해상도 카메라가 이 디지털 워터마크 정보를 쉽게 감지하고, 해독해서 플라스틱 폐기물을 정확하게 분류할 수 있는 능률성과 정확성을 높이는 것입니다.

그래서 이 디지털 워터마크를 통해서 플라스틱 폐기물이 환경으로 누출되는 것을 막기 위해서 제품의 설계 단계부터 수명이 다한 폐기물 관리나 재활용 솔루션 전반에 이르기까지 전체 플라스틱 가치사슬에 걸쳐서 관리가 가능해지는 것입니다.

14. 플라스틱 폐기물의 문제점으로 인한 지속가능한 포장지와 관련해서 아주 다양한 사례 방안들 말씀해 주셨는데 굉장히 희망적이다라는 생각이 드네요. 마지막으로, 한 말씀 부탁드리겠습니다.

비즈니스의 지속가능성은 전 세계적으로 중요한 관심사가 되고 있는데요. 제품을 구성하고 있는 중요한 요소 중의 하나인 포장재의 지속가능성 추세는 막을 수 없게 되었고요. 소비자들 자신의 구매가 환경적으로 사회적으로 크게 영향을 미치는 것에 대해서 점점 더 인식하고 있기 때문에 기업들은 기존 모델에서 환경 친화적인 모델로 전환해야 할 것입니다.

그리고 이제 기업은 지속가능한 포장을 사용해서 기업의 이익뿐만 아니라 지역사회 복지나 환경 관리에도 그 가치를 두고 있다는 사실에 초점을 맞춰야 할 것이고요. 결국 이런 가치사슬 모두가 기업의 브랜드 평판이나 고객 충성도를 높일 수 있는 것이기 때문에 기업들은 이런 노력을 게을리하면 안 될 것입니다.

15. 맞습니다. 오늘 말씀 잘 들었습니다. 고맙습니다.

반도체 왕국이 무너진다: 기후위기의 반격

1. 기후위기가 우리 반도체 산업도 위협한다고요? 반도체 하면 대한민국 자존심인데, 기후변화랑 무슨 상관이 있다는 거죠?

국제사회의 기후위기 대응 정책들이 결국은 자국의 산업 보호 흐름과 맞물리는 경향이 잦아지고 있는데요. 특히 반도체라든지 배터리, 자동차 등의 이런 산업의 보호무역정책을 도입하고 있습니다. 이제 수출 주도형 한국 경제에 상당한 위협을 주고 있는데요. 우리나라 반도체 산업이 대한민국 전체 GDP의 7%를 차지하고 있으면서, 우리나라의 광범위한 기술과 제조 부분에서 핵심 공급 산업이라고 할 수 있는데요. 우리나라의 반도체 산업이 기후변화로 위태롭다는 이야기입니다. 이와 관련한 내용 말씀드리겠습니다.

2. 지난 시간에 기후 변화가 우리 생활에 미치는 영향들 말씀해 주셨는데 이제 기후 변화가 우리나라 핵심 산업까지 위협하게 되는 거네요. 이 부분 좀 더 자세한 내용 말씀 부탁드릴게요.

네, 말씀드린 반도체 칩은 우리가 매일 사용하고 있는 스마트폰에서부터 TV까지 일상적인 소비 기기에서 흔히 사용되는데요. 최근 S&P 글로벌에 따르면 지난 2024년 2월 보고서에 물 부족이 세계 최대 칩 제조업체인 대만의 TSMC와 같은 반도체 회사에 영향을 미칠 수 있다고 밝혔습니다. 그러니까 인공지능 기술이 발달됨에 따라서 반도체 사용 사용이 굉장히 많아지고 있는데요. 기후변화로 인한 물 부족 사태로 반도체 생산에 문제가 생길 수 있다는 이야기입니다.

3. 네, 물 부족과 반도체하고 연관이 있군요. AI 인공지능이나 전기차, 빅데이터처럼 4차 산업혁명의 필수적인 반도체가 이제 기후 위기와 관련이 있다는 건데요. 물 부족이 반도체 어떤 영향을 주고 있는지 구체적으로 한번 알아볼까요?

반도체 칩 제조 산업이 공장에서 생산 기계를 냉각시키고 웨이퍼(Wafer) 시트, 즉 설계된 칩, 반도체를 만드는 토대가 되는 얇은 판인데요. 여기에 먼지나 부스러기가 없는지 확인하기 위해서 매일 막대한 양의 물을 소비하기 때문에, 반도체 산업은 어떻게 보면 굉장히 목이 마른 산업이라고 볼 수 있습니다. 다시 말씀드리면, 극도로 높은 순도로 처리되는 담수를 사용해서 각 공정 사이에서 웨이퍼를 헹구기 때문에 물 사용과 반도체 칩 정교함 사이에 깊은 연관성이 있고요. 그래서 반도체가 발전할수록 공정 단계가 많아지면서 물 소비도 많아진다는 이야기입니다.

4. 아, 그렇군요. 어느 정도의 양인지 가늠할 수 없겠지만, 관련된 자료가

있는지 궁금하고요. 혹시 물이 부족한 경우에 심각한 사태로까지 이어질까 또 이 부분도 걱정이 됩니다.

S&P 글로벌 데이터에 따르면, 예를 들어 대만의 TSMC 반도체 제조사의 경우에 단위당 물 소비량이 지난 2015년 반도체 제조 공정 기술이 발전한 이후에, 즉 16나노미터 공정 노드로 발전한 이후에, 약 35% 이상이 증가했다고 보고했고요. 이렇게 반도체 산업이 물 소비가 생산능력 확장과 공정기술 발전에 따라서 매년 한 자릿수 중반에서 높은 비율로 증가할 것이라고 지적을 했습니다. 이 보고서에 따르면 세계 칩 제조업체들이 인구 750만 명의 도시 사이즈, 홍콩 규모의 사이즈인데요. 그 규모만큼의 물을 매년 소비하고 있다고 합니다. 그래서 앞으로 전 세계 반도체 생산 능력이 올해 6%, 2025년에는 7%까지 성장할 것으로 예상하고 있습니다.

이제 첨단 칩 제조 분야에서 예를 들어, TSMC, 우리나라 반도체 등 이런 산업의 지배력을 고려한다면, 향후에 잠재적인 물 관련한 운영 중단으로 인해 글로벌 기술 공급망이 혼란을 겪을 수 있다고 예상하고 있습니다. 결국은 이제 물 안보가 반도체 회사에 점점 더 중요한 요소가 될 것이고요. 수자원을 잘못 관리해서 반도체 공장 운영이 중단이 되고, 재무적 성과가 저하될 수가 있겠습니다. 이처럼 공급 불안이 결국 가격 상승으로 이어지면서 우리 생활에 직접적인 영향을 미칠 수가 있겠죠.

5. 말씀은 반도체 규모가 커진다는 것이 물 소비 또한 늘어난다고 봐야겠네요.

그렇습니다.

6. 기후변화와 관련해서는 이제 물 부족뿐만 아니라 에너지 역시 탄소 배출 문제도 반도체 산업의 어떤 직접적인 영향이 있을 것 같은데요. 어떤가요?

네, 기후변화가 전력 수요 급증을 야기하고 있고요. 이는 전력 공급의 불완전성을 초래할 수 있습니다. 결국 반도체 제조에 필요한 안정적인 에너지 공급을 저해해서 생산 차질로 이어질 수 있는 것인데요. 그리고 기후변화 대응을 위한 다양한 규제가 강화됨에 따라서 반도체 산업의 높은 탄소 배출량에 대한 압박이 커지고 있는데요. 이것 역시 결국 회사 입장에서 운영비 상승과 기업 경쟁력 악화로 이어질 수가 있겠습니다.

7. 글로벌 대기업들이 탄소감축과 재생에너지 사용처럼 친환경 전환으로의 압박을 받고 있다고 볼 수 있겠네요.

네, 맞습니다. 전 세계 나라들이 에너지 목표를 지구 온도 1.5도 이하로 목표를 맞춰서 2030년까지 전 세계 재생가능에너지 이용량을 3배로 늘리겠다고 약속을 하고 있는데요. 이런 상황에서 애플이라든지, TSMC, ASML 등과 같은 세계적인 글로벌 빅테크 기업들이 이렇게 강화된 ESG 기준을 해외 거래처에 강하게 요구하고 있는 상황입니다. 특히 첨단 반도체 제조의 필수 장비인 극자외선(EUV) 노광장비 제조업체인 네덜란드 ASML 경우에 한국과 대만 반도체 기업을 꼭 찍어서 탄소 배출량 감축 목표치를 비교하는 보고서를 내고 있는 실정입니다.

8. ASML이 내놓은 보고서가 어떤 내용인지 좀 자세히 설명해 주세요.

SCC, 즉 반도체 기후 컨소시엄의 베이스라이닝 워킹 그룹(Baselining Working Group)의 분석에 따르면, 반도체 부문 탄소 배출의 83%가 에너지 사용으로 인한 것으로 알려졌습니다. 그래서 네덜란드의 ASML 2022년 보고서에 공개한 내용에 따르면, 네덜란드와 미국에서는 100% 재생에너지를 사용했는데 대만과 한국 반도체 기업은 여전히 노력하고 있지 않고 있다는 내용으로 경고를 했고요. 작년 2023년 보고서에서 대만의 TSMC 등과 같은 대만 반도체 기업들은 그나마 재생에너지 전력 구매 계약을 체결해서 2025년까지 연간 16,000t(16kt)의 탄소배출량 감축 목표를 달성하겠다는 의지를 보였다는 것입니다. 반면에 한국 반도체 기업에 경우는 아직 어려움이 있는 것 같으니 우리나라 기업들에게 신재생에너지 활용률을 높이라고 경고한 바가 있습니다.

9. 국제사회나 뭐 글로벌 빅테크 기업들의 기후 대응 전략 차원에서도 국내 기업들에게 불똥이 튈 수밖에 없겠네요.

네, 맞습니다. 그러니까 글로벌 대기업들이 이제 특히 반도체 사용이 많은 빅테크 기업들은 기후변화에 깊이 공감하면서 제품 생산 과정에서 재생에너지 사용 비율이 높은 기업의 제품을 우선적으로 구매할 것이고요. 매년 평가를 통해서 재생에너지 이용률이 떨어지면 구매 계약을 줄여 나갈 것으로 예상됩니다. 예를 들어, 애플도 2020년에 발표한 바에 따르면 10년 내로 제품 공급망 전반에서 탄소중립을 목표로 2030년까지 탄소 배출을 75% 줄이고 혁신적으로 탄소제거 솔루션을 개발해서 나머지 25%를 감축하겠다는 계획인데요. 특히 애플 아이폰에 패널을 공급하는 삼성이라든지 LG 등의 디스플레이 업체들은 탄소감축 영향권에 들어 있어서 친환경 경영으로 전환할 수밖에 없는 상황입니다.

10. 그러네요. 친환경적이지 않으면 직접적으로 사업에 타격을 받을 수밖에 없는 환경들이 지금 만들어지고 있네요. 그렇군요. 끝으로 마무리 말씀 좀 부탁드리죠.

기후변화가 대한민국 국가대표 산업인 반도체산업의 심각한 도전 과제를 제기하고 있는데요. 이에 대한 체계적인 대응 전략을 통해서 안정적인 생산체계를 유지하고 지속가능한 성장을 도모해야 할 것입니다. 이를 위해서는 용수관리, 에너지 효율화, 공급망 강화 그리고 탄소배출 저감 같은 종합적인 리스크 관리를 통해서 다방면의 체계적인 대응이 필요할 것으로 보여집니다. 우리나라 반도체 기업들이 친환경적으로 반도체를 생산하기 위해서는 아마도 한계가 있을 것입니다. 그래서 이제부터라도 정부가 적극적으로 나서서 물 관리나 전력 자체를 재생에너지로 전환해서 대한민국 녹색반노체를 지원해야 할 것입니다.

11. 이렇게 기업이나 정부가 해야 할 일들도 분명히 있고 개인적으로도 전자메일이나 메시지 안 쓰는 데이터들을 삭제하는 것도 탄소배출을 줄이는 친환경활동에 도움이 된다면서요?

네, 그렇습니다. 데이터 센터에서 물과 전기 에너지를 많이 소비하기 때문에요. 탄소 배출에 영향을 주고 있는 것이죠. 그렇기 때문에 가급적 불필요한 데이터들은 영구 삭제하는 것이 도움이 되겠습니다.

지금 기후위기가 대한민국 반도체 왕국까지 위협하고 있습니다. 이제 반도체도 친환경 없이는 살아남을 수 없습니다. 기업, 정부, 시민 모두 함께 '녹색반도체'로 미래를 지켜야 합니다.

12. 알겠습니다. 개인이 할 수 있는 부분들도 분명히 실천하면 좋지 않을까 싶습니다. 자, 오늘 말씀도 잘 들었습니다. 고맙습니다.

반도체 공장에도 탄소 성적표가 붙는다

1. 반도체 하면 떠오르는 이미지가 무엇인가요? 첨단기술, 초정밀 장비, 그리고 글로벌 경쟁력, 그런데 이제 반도체 공장에도 '탄소 성적표'가 붙고 있다고 하네요. 오늘은 반도체 등 우리나라 주요 기업들이 글로벌 탄소 감축 압박 속에서 어떻게 대응하고 있는지 짚어 보겠습니다.

지속가능경영 ESG 분야의 국내 동향과 글로벌 대기업들이 지금 친환경으로의 전환을 압박하면서 우리나라 기업들의 탄소 감축 대응 방안들을 정리해서 말씀드리겠습니다.

2. 먼저 국외 동향부터 살펴보도록 하겠습니다. 지금 이제 전 세계에서 온실가스 가장 많이 배출하는 국가 1~2위 다투는 나라가 미국이라고 할 수가 있겠죠. 그런데 도널드 트럼프 전 대통령 재임 당시에 온실가스 배출량의 변화를 예상한 기후 시나리오 이 부분이 발의가 됐다는 뉴스가 있던데 이 내용이 정확히 뭔가요, 교수님.

네, 예상 시나리오가 발표가 됐는데요. 올해 11월 달에 실시되는 미국 대선이 기후 정책에 미칠 영향에 대해서 트럼프 전 대통령과 현재 바이든 대통령 간의 기후변화 대응 노선이 확연하게 지금 엇갈리고 있는데요. 영국의 카본 브리프라고 하는 기후변화 미디어에서 발표한 내용에 따르면 올해 11월 미국 대선에서 트럼프 전 대통령이 다시 당선될 경우에 현재 바이든 대통령 대비해서 2030년까지 약 40억 톤 가량의 미국 온실가스 배출량이 추가로 발생할 것이라고 전망을 했습니다. 그러니까 이 40억 톤 정도의 양이라면 유럽연합과 일본의 연간 배출량을 합친 양이고요. 탄소 배출량이 가장 낮은 전 세계 140개 국가의 연간 배출량을 합친 정도의 양과 맞먹는 엄청난 그런 양입니다. 피해 규모로는 약 9천억 달러, 한화로 약 1,197조 정도 규모의 글로벌 기후변화가 발생할 것이라고 전망하고 있습니다.

3. 그러면 이제 11월에 열리는 미국 대통령 선거 결과에 따라서 미국의 탄소 배출량은 물론이고 기후 정책 이 부분도 굉장히 크게 달라질 수 있겠네요.

네, 그럴 수 있다고 예상이 되고요. 카본 브리프(Carbon Brief)가 바이든 정부의 기후정책을 철회하겠다고 하는 트럼프 전 대통령의 계획을 토대로 미국 연구팀의 모델링 시나리오 분석을 통해서 이런 결과를 얻었는데요. 트럼프가 승리할 경우에 우선 파리 기후협약의 두 번째로, 탈퇴할 가능성이 크고요. 그전에 트럼프는 재임 시 파리 협약에 탈퇴한 바가 있습니다. 그 이후에 바이든 대통령이 취임한 직후에 2021년에 다시 재가입한 바 있고요. 그래서 트럼프는 바이든 핵심 기후대응 정책일 수 있는 인플레이션감축법, IRA 정책을 폐기할 것이라고 공약하고요. 트럼프가 대통령이 되면 바이든 정부에서 추진해 오던 기후변화 관련 탄소감축정책이 힘을 잃을 수도 있겠습니다.

4. 그렇군요. 11월 미국 대선 결과 지켜봐야 할 것 같습니다. 자, 다음은 이제 국내 이야기를 좀 나누어 볼 텐데 지금 우리 기업들이 좀 골머리를 앓고 있는 것 같습니다. 글로벌 대기업들이 친환경 전환을 좀 압박하고 있어요. 그러면 이제 국내 기업들이 굉장히 좀 힘들어질 수도 있다. 이런 얘기가 나오더라고요.

네, 그렇습니다. 우선 애플과 대만 반도체 기업이죠. TSMC 그리고 네덜란드 반도체 장비 제조사인 ASML 같은 글로벌 빅테크 기업들이 ESG 기준을 해외 거래처에도 강력하게 요구하고 있고요. 특히 첨단 반도체 제조의 필수 장비인 극자외선 노광장비 제조사인 네덜란드의 ASML 기업의 경우에는 한국과 대만 반도체 기업들을 꼭 찍어서 탄소 배출량 감축 목표치를 비교하는 보고서를 내고 있는데요. 그래서 국내 기업들의 발등에 불이 떨어지면서 해외 거래처에 제출하기 위해서 과연 어떤 ESG 데이터를 모아야 할지 그리고 기업의 손익에 미칠 영향을 어떻게 계량화할지에 대해서 전문적인 경험이 없다 보니 현 시점에서 우왕좌왕하고 있는 실정입니다.

5. 그러니까 이제 우리나라 기업들이 ESG 관련해서 데이터가 부족하다 이런 이야기가 될 수 있겠네요. 우리나라 정부도 그렇고 주요 나라들이 이렇게 탄소중립 목표를 좀 늦추고 있는데, 국내 기업들은 어떤 의미로 받아

들여야 할까요?

파이낸셜타임즈나 외신들의 보도에 따르면 최근에 주요 나라들이 탄소중립 목표를 늦추고 있는데요. 이것과는 다르게 글로벌 대기업과 투자기관들은 친환경 전환을 계속해서 지지하고 있다고 보도를 했습니다. 특히 좀 전에 말씀드렸던 네덜란드 반도체 기업인 ASML이 대표적인데요. ASML 경우에는 2040년까지 고객사들에게 탄소 중립도 달성하고 그리고 해외 법인들의 공급망 전반에서 발생하는 온실가스 배출량을 관리하겠다는 그런 탄소관리 스코프 3 내용을 연례 보고서에 담았습니다. 그리고 ASML이 2022년 공개한 보고서에 따르면 네덜란드와 미국에서는 100% 재생에너지 사용을 달성했는데 반면에 대만과 한국 반도체 기업들이 여전히 재생에너지 사용에 어려움이 있다고 밝혔습니다.

2023년 보고서에는 TSMC 같은 대만 반도체 기업에서는 다소 재생에너지 사용의 진전이 있었다고 밝혔고요. 이처럼 대만 반도체 기업들이 재생에너지 전력 구매 계약을 체결하면서 2025년까지 연간 약 1만 6천 톤 정도의 탄소 배출량을 감축할 수 있다고 의미를 두고 있고요. 반면에 한국에서는 아직 어려움이 있다고 하면서 국내 주요 대표 반도체 기업들의 신재생에너지 활용률을 높일 것을 강력하게 촉구하고 있는 실정입니다.

6. 그러니까 지금 한국이 ESG 관련해서 좀 어려움이 있다는 걸 정말 콕 찍어 가지고 발표를 한 거네요.

네, 그렇습니다. 특히 신재생에너지 사용 비율이 다른 기업들에 비해서 상당히 떨어지다 보니까 그런 부분을 강력하게 요구하고 있는 것이죠.

7. 그렇군요. 지금 보니까 애플 같은 경우에도 이제 제품 공급망 전반에 걸쳐서 좀 탄소 중립을 달성하겠다. 이렇게 밝혔더라고요. 그러면서 국내 기업들 발등에 불이 떨어진 그런 모양새입니다.

네, 애플에서는 2030년까지 탄소 배출을 75% 줄이고, 혁신적인 탄소제거 솔루션을 개발해서 나머지 25%를 감축하겠다는 계획이고요. 2021년에 기업들의 스코프 3 배출량 공시 의무화를 촉구한다는 성명을 발표하면서 애플의 아이폰 등에 패널을 공급하고 있는 삼성이나 LG 디스플레이 기업들도 스코프 3 영향권에 들 수밖에 없는 상황입니다. 최근에 주요 나라들이 ESG 흐름의 속도 조절을 하고 있는 상황인데요. EU에서 공급망 실사법이 부결된 것이 대표적이고요. 미국과 유럽연합의 규제 국들이 산업 전반에 불러올 수 있는 파장을 감안해서 스코프 3 적용을 늦추고 있는 상황인 만큼 우리나라 기업들도 이 기간을 최대한 활용해서 철저히 준비해야 될 것입니다.

8. 그런데 이렇게 스코프 3 적용을 늦추는 이유는 뭘까요?

스코프 3, Supply Chain, 즉 공급망이 워낙 복잡하다 보니까 부품이나 원자재 하나하나의 출처를 규명하는 것이 사실상 불가능하다는 우려 때문이고요. 그래서 미국과 유럽이 스코프 3 적용을 늦추고 있는 상황입니다. 특히 미국 증권거래위원회(SEC)가 당초 입법 예고했던 그 수위에서 대폭 후퇴한 기업기후공시 의무화 규칙을 의결했는데요. 미국 상장기업들은 2026년 회계연도부터 기후변화 관련 리스크가 재무제표나 사업 전망에 미치는 영향 그리고 온실가스 배출량 등을 의무적으로 공시하라는 내용이 핵심인데요. 2년 전에 초안하고는 다르게 스코프 3 배출량 공개 의무화 조항을 삭제했습니다. 그래서 우리나라 정부도 2026년 도입할 예정인 ESG 공시 제도에서 스코프 3 배출량 공개 의무를 일정기간 면제하는 방안을 검토 중에 있습니다.

9. 그렇군요. 마지막으로, 이제 ESG 관련한 국내 뉴스 이야기를 좀 해 볼 텐데 환경부가 다음 달이죠. 일회용 수송 포장 규칙을 시행합니다. 정확히 어떤 내용인지 좀 설명 부탁드릴게요. 교수님.

환경부에서 시행하는 '일회용 수송 포장 규칙'이라는 것이 택배 포장 시에 제품을 제외한 그 여유 공간이 전체 50% 이하여야 하고요. 포장 횟수도 1회여야 한다는 내용입니다. 그래서 이번 방안으로 '자원의 절약과 재활용 촉진에 관한 법률'에 따른 '제품의 포장제재 및 포장방법에 관한 기준 등에 관한 규칙'이 지난 2022년 4월 30일에 개정되었고요. 그리고 올해 4월 30일부터 시행됨에 따라서 이제 추진되는 겁니다. 과도한 포장을 막고 택배 쓰레기 발생을 줄이겠다는 취지고요. 계도 기간이 끝나는 2년 뒤부터는 이 기준에 위반할 시에 과태료를 부과하겠다는 것입니다. 이러한 규제가 강화됨에 따라서 유통업계는 한번 쓰고 버리는 일회용 포장에서 벗어나서 탄소 배출을 줄이는 친환경 포장재를 도입하고 있습니다.

일회용 포장으로 인해서 발생하는 환경 문제를 해결하기 위해서 포장재는 다회사용이 가장 효율적인 방법이 되겠고요. 그래서 제품을 포장하는 기업과 제품을 주문하는 소비자 모두 포장 폐기물에 대한 환경적, 사회적 책임이 필요할 것입니다.

10. 그렇군요. 자, 오늘 말씀 여기까지 함께하겠습니다. 고맙습니다.

ESG 경영, 돈 버는 길일까? 돈 새는 길일까?

1. 교수님, 2024년 청룡의 해를 맞아서, 기업들의 ESG 경영이 과연 돈이 되는 길인지, 아니면 비용만 드는 부담스러운 길인지 최근 변화들을 통해 짚어 주신다고요?

이번 시간은 2024년 청룡의 해에 대비해서 기업들의 ESG 경영에 대해 말씀드리겠습니다.

2. 기업들의 ESG 경영 아무래도 전 세계적으로 기업들의 새로운 사업과 기술이 미래를 지향하다 보니까 법과 제도가 바뀌면서 누군가에게는 이것이 기회가 되고 또 누군가에게는 심각한 위기가 될 수도 있겠어요.

네, 그렇습니다. 바로 ESG 시대에 기업들의 비즈니스 판도가 바뀔 수 있는 시기인데요. 최근 미국과 유럽에서 만들어진 법과 제도 중에서 '탄소 감축'과 '기후위기'가 반영된 것들이 많은데요. 특히 기존 산업에는 위기를 가져올 수 있고 탄소 감축이나 기후위기에 부합되는 새로운 사업에게는 기회와 미래를 가져 올 수 있을 것입니다.

3. 법과 제도가 이렇게 변화하니까 새로운 기회를 잘 포착해서 이를 기업에 적용을 잘하는 그런 경영자가 필요할 것 같습니다.

네, 예를 들어서 최근 유럽연합(EU)에서는 내연기관 자동차 신차 판매 금지를 2035년 시점으로 정한 것도 그렇고요. 글로벌 자동차 산업이 전기차로 점점 바뀌어 가는 것도 결국은 탄소감축 때문인데요. 탄소감축과 기후위기 관련된 법과 제도 변화 이슈가 없다면 내연기관차를 금지할 필요는 없었을 것입니다.

그리고 프랑스에서는 2023년 5월에 기차로 2시간 30분 이내로 이동할 수 있는 거리의 경우에 한해서 국내선 비행기 취항이 금지되는 법이 만들어진 것도 이와 같은 이유인데요. 이런 관련 법 때문에 저비용 항공사들하고 항공 산업에는 위기일 수 있지만, 기차 관련된 산업들의 경우에는 새로운 성장의 기회를 얻어서 투자가 확대되고 있는 상황입니다.

4. 그렇겠네요. 국내 상황은 좀 어떤지도 궁금한데요. 이런 법과 제도가 바뀌면서 이제 비즈니스 변화도 확인할 수 있나요?

네, 이런 변화로 우리나라 조선업 빅3가 11년 만에 동반 흑자를 기록했었는데요. 수주 실적이 확대된 것도 엄밀히 말하면 탄소감축이라는 글로벌 ESG 트렌드와 맞물려 있습니다.

그 이유는 해운사를 통제하는 UN 산하 국제 해사기구가 있는데요. 탄소감축에 대한 법과 제도를 만들어서 전 세계 해운사들이 저탄소 선박을 발주해야만 하는 상황이 된 것입니다. 그래서 한국의 빅3 조선사가 이미 저탄소 선박 건조에 경쟁력을 가지고 있는 덕분에 수주 실적이 확대된 것입니다.

5. 그렇군요. 혹시 이런 부분도 좀 파악이 되는지 모르겠어요. 이제 국내 기업들 가운데서 ESG 경영을 가장 적극적으로 잘 실천하는 업계가 있다면 어떤 업계일까요?

당연히 조선업계라고 할 수 있겠는데요. 국내 기업들 중에서도 ESG(환경 경영, 사회적 책임 경영, 투명경영) 경영을 가장 적극적으로 실천하는 업종이 조선업계입니다.

그 이유는 ESG 요소에서 특히 그중에 E와 관련해서 평판이나 브랜드 관리가 아니라 기업의 생존 문제로 인식하면서 R&D와 기업의 비즈니스 전략에 적극 투자하고 있기 때문이죠.

결국은 ESG 시대에 세계적으로 탄소감축 패러다임이 이런 새로운 법과 제도를 만들고 있고요. 이런 흐름을 적극적으로 대응한 기업들이 어떤 기회를 누리는지 인식을 해야 되겠습니다. 그래서 ESG 경영한다고 쇼만 하는 ESG 워싱 기업의 경영자는 반성할 필요가 있겠고요. ESG 경영은 '돈을 쓰는 게 아니라, 돈을 버는 것이다.'라는 인식이 기업하는 경영자에게 필요하다고 할 수 있겠습니다.

6. 그렇습니다. 이제 ESG 시대에 탄소 감축은 뭐 당연한 거잖아요. 미국과 유럽 같은 외국에서는 이제 어떤 새로운 법과 제도가 만들어지고 있습니까?

최근 뉴욕시의 경우에 2024년 1월부터 7층 이하에 신축건물을 지을 때 난방하고 온수에 필요한 화석연료인 천연가스 사용을 금지하고 있습니다. 2021년도에 만든 조례가 적용되기 때문인데요. 천연가스를 사용하는 조리기기와 난방기기를 금지하는 이유도 역시 탄소감축 조례 때문이죠. 뉴욕시뿐만 아니라 뉴욕 주, 캘리포니아 주에서도 관련된 법과 제도가 확산되고 있고요. 그래서 결국은 가스레인지나 가스스토브 시장은 사라질 가능성이 높습니다. 반면 인덕션이나 전기레인지 같은 시장이 확장될 것으로 보여집니다.

이런 탄소감축이 법과 제도의 목적이지만 결과적으로는 사업에서 희비가 엇갈리고 있는데요. 이건 소비자의 변심도 아니고 기술력의 문제도 아니고 법과 제도가 적용되고 확산되고 있기 때문에 어떤 사업을 추진할지, 어디에 투자를 할지 이런 판단을 할 때는 시장과 소비자의 트렌드만 볼 것이 아니라 법과 제도에 변화의 흐름도 봐야 할 것입니다.

7. 그렇겠네요. 이제 어떤 건물의 에너지 효율성을 높이고 탄소 배출을 줄이는 것이 이제 의무잖아요. 이것이 전 세계에 확산해야 할 그런 법과 제도가 아닐까 싶어요.

네, 맞습니다. 그동안은 법과 제도에 변화가 있을 때 그저 대응하는 성격으로만 접근했다면, 이제는 이런 법과 제도를 활용하는 새로운 기회의 장으로 접근하는 것이 필요한데요. 중앙정부나 지방정부도 마찬가지고 학교와 연구소들도 ESG 주제들을 다루면서 기업들이 가지고 있는 ESG 핵심 요소들의 문제점들을 해결해 주고, 평판 관리나 리스크 관리만 해 줄 것이 아니라 미국과 유럽에서 탄소감축과 기후위기 관련해서 어떤 법과 제도가 만들어지고, 그것이 우리 일상생활과 기업의 비즈니스 기회에 어떤 변화를 줄 수 있는지 명확하게 분석하는 그런 정보를 더 제공해 줘야 할 것입니다.

그래서 기업들도 마찬가지로 그것을 요구해야 하고요. 법과 제도를 만들고 있는 국회와 정부에서도 이러한 점을 심각하게 생각하고 중요하게 다뤄야 한다고 생각합니다.

8. 올해 이제 대기업들의 인사 핵심 키워드를 보니까 위기대응 그리고 구조 조정, 이렇게 잡았다고 하더라고요. 올해 경영의 방향과 전략 이렇게 세우고 있나 봐요.

네, 그렇습니다. 한국의 주요 대기업들의 2024년 사장과 임원 인사의 주요 트렌드로 5가지 키워드를 들 수 있는데요. 첫째, 세대교체, 둘째 기술인재 우대, 셋째 성과주의 강화, 넷째 다양성 기조 확대, 다섯째 임원 축소로 들 수 있겠습니다. 이 5가지 핵심 키워드는 결국 위기대응과 구조조정으로 귀결되고 있고요.

특히 세대교체에서 핵심은 나이가 아니라 미래 성장 동력이 되는 기술 분야에서 R&D 중심으로 인재를 교체하고 성과를 내는 능력 위주의 교체라고 보여집니다.

9. 예를 들어서 좀 설명을 해 주실까요?

예를 들어서 LG 그룹의 임원 인사의 경우에서 AI, 바이오, 클린테크(청정기술, clean technology), 소프트웨어 같은 미래 먹거리로 강조되는 신성장 동력 분야에서 R&D 승진이 많았고요. 그중에서도 클린테크 분야가 2/3 정도 차지했는데요. 다른 대기업들도 클린테크에 대한 투자는 확대될 수밖에 없고요. 그 이유로는 탄소감축과 기후위기가 가져오는 비즈니스 기회이기 때문이겠죠.

10. 네, 올해 분명한 건 기업들이 이런 불확실성이 초래한 위기 상황에서 대응은 빠르고 사업에 대한 구조조정 또 인적 구조 조정이 요구되는 그런 시기가 아닐까 싶네요.

네, 맞습니다. 기업에서 인사를 발탁할 때 나이가 문제가 아니고, 다양성 기조 확대로 여성과 외국이 임원인 늘어난 것도 엄밀히 따지면 능력과 성과에 따라 기회를 주겠다는 의미로 단순한 소수자 배려 차원이 아닌데요. 조직에서도 4050세대가 수직화에 익숙하다면 MZ 세대가 수평화를 지향하고 있는데요. 이런 차이 때문에 조직에서 세대갈등이 나타나고 있기도 하지만, 엄밀히 말하면 세대가 다르기 때문이 아니라 직장관, 노동관의 차이로 바뀌는 사회와 산업에 따른 차이일 수 있습니다(사회적 책임의 강조). 그렇다고 해서 수평화가 서로 편하게 말 놓는 그런 관계가 아니라 연차와 상관없이 능력대로 평가하고 보상한다는 그런 의미로 받아들이면 되겠습니다.

11. 우리나라 조직의 문화가 적용이 완전히 자리 잡기까지는 조금 시간이 걸

리지 않을까라는 생각도 들기도 하는데요. 어쨌든 정리를 하자면 우리나라 기업에게 닥친 어떤 불확실성과 또 위기 상황을 풀어 나갈 원동력은 결국은 유능한 경영자의 리더십이 필요하다, 이런 말씀이지 않을까 싶네요.

네, 맞습니다. 전체 조직의 경영자 리더십이 중요하겠고요. ESG 경영을 하면 착한 기업이 된다는 것으로 착각하는 경영자가 아니라 기업에게 닥쳐올 리스크를 없애고, 지속가능한 비즈니스 기회를 만들어 내는 합리적인 경영자가 필요한 시점입니다. 트렌드 인사이트를 가지고 있는 경영자들이 요구되는 이유이겠고요. 우리가 경험하고 지식으로 배웠던 익숙한 것들을 버리는 것이 중요한데요. 특히 불확실성이 증폭되고 있는 2024년 청룡의 해에는 과감히 버리고, 과감히 결단하는 ESG 경영자들이 많아지기를 희망해 봅니다.

영화관도, 백화점도… ESG가 라이프 스타일이 된다

1. 지속가능한 문화예술 분야의 ESG 경영 사례에 관련해서 오늘 이 시간 함께 이야기 나눠 보도록 하겠습니다. 교수님 안녕하세요. 오늘은 문화예술 분야입니다. 문화예술 분야에서 ESG 경영이 어디쯤 와 있나 이 부분을 좀 설명을 해 주신다구요.

네, 요즘 영화·공연·미술 전반 산업 분야에 걸쳐서 ESG 관련 이슈들이 많이 있고요. 그중에서도 가장 영향력이 큰 K-POP 산업에서도 ESG 바람이 불고 있습니다.

2. K-POP 비즈니스에서 이제 ESG가 어떤 분야에서 어떻게 연관이 돼 있을까요?

특히 음반 산업계와 밀접하게 연관이 되어 있고요. 환경 문제에 대한 책임이 커지면서 기존 앨범에서 다른 형태의 앨범이 지금 등장하고 있습니다.

3. 네, CD가 일단 사라졌죠. 그 부분 설명을 부탁드릴게요.

네, 그렇습니다. CD가 사라지면서 이른바 친환경 앨범이 보편화되고 있는데요. 듣지도 않고 폐기되는 음반 폐기물이 우리나라에서 한 해에만 한 수백만 장으로 약 100톤 정도가 된다고 합니다. 폐기물 처리하면서 발생되는 쓰레기와 탄소 배출 문제가 심각하죠. 그래서 최근에 'K-POP 음반의 기후는 없다.'라는 지적도 있었죠. 요즘은 디지털 음원을 통해서 음악을 듣는 시대죠.

환경 문제에 대한 책임이 커지면서 인제 음반 산업계도 CD 대신에 QR 코드나 NFC 그러니까 근거리 무선통신 기능을 이용한 키노 앨범 또는 키트 앨범이 등장하게 된 거죠.

일반 대중들의 반응은 굉장히 긍정적이고요. 환경을 생각하는 동시에 크기도 작아서 보관하기가 편리하고 비용도 굉장히 저렴하다는 장점이 있습니다. 근데 이제 이런 환경 관련 이슈가 지속적으로 실현되기 위해서는 엔터테인먼트 회사들의 적극적인 동참이 우선돼야 하는 문제들이 있죠.

4. 그렇겠네요. 이렇게 지금 음반 산업계뿐만 아니라 영화계에서도 최근 주목할 만한 그런 변화가 나타나고 있죠.

네, 요즘 영화산업에서도 최근엔 큰 변화가 일어나고 있는데요. 대표적으로 우리나라 멀티플렉스 영화관인 CGV가 그 예라고 할 수 있는데요. 21년 ESG 위원회를 출범하면서 본격적으로 환경과 사회적 책임 투명 경향을 보여 주고 있죠. 특히나 영화관에서 버려지는 폐 스크린을 활용해서 업사이클링 가구나 소품을 제작하는 이런 프로젝트들을 진행하고 있고요. 그리고 작가들하고 협업해서 이 폐 스크린으로 굿즈 상품이나 조명테이블 같은 디자인을 만들어서 실제 극장에서 관객들이 구매하거나 사용할 수 있도록 그 활용 가치를 높이고 있습니다. 또 이런 환경 이외에도 영화를 통해서 사회적 가치를 나누는 활동들도 진행하고 있는데요. 예를 들어서 극장이 없는 지역에 찾아가서 나눔의 영화관 이라는 프로젝트로 지역의 균등한 문화 예술 프로그램을 제공하면서 지역사회 공헌 활동을 하는 거죠.

그리고 또 온기 우편함을 통해서 관객들의 고민을 적은 편지들을 직원들이 직접 답장을 하면서 지역과 예술 그리고 주민이 함께한다는 취지로 ESG 경영에 굉장히 적극적입니다.

5. 그렇군요. 거기다가 이제 최근에 예술계에서도 대형 백화점들이 전시 활동을 ESG와 접목시켜서 운영하고 있다. 이런 보도도 봤거든요.

네, 아트 마케팅이라고 하는데요. ESG 경영을 실천하면서 MZ 세대 고객들한테 호응을 크게 얻고 있는데요. 예를 들어서 현대 백화점의 경우에 지속 가능한 문화공간의 역할로 아트 원 뮤지엄을 조성했는데요. 이 공간에 쇼핑공간과 아티스트와 협업을 해서 백화점 내부 곳곳에 예술작품으로 연출을 한다거나 상품을 제작하는 프로그램들을 진행하고 있죠. 그래서 이런 기업들이 미술관이나 공연장 같은 문화공간을 활용해서 예술가들과 손잡고 문화예술로써 사회적 영향력을 미치는 이런 실천적 ESG 경영을 실현하고 있습니다.

6. 네, 미술관도 역시 그 환경이나 뭐 사회 공헌 활동 이런 것들을 실천을

하면서 ESG 경영에 앞장서고 있다면서요.

네, 그렇습니다. 특히 장애인들과 봉사자들 같이 문화시설 방문이 어려운 사람들에게 전시 관람 기회를 특별하게 제공하고 있는데요. 배리어 프리(Barrier Free), 즉 사회적 약자들이 편히 이용할 수 있는 이런 환경을 위한 교육 프로그램으로 미술관 접근성도 높이고 미술관 경험의 기회도 확대하고 있는 거죠. 그리고 환경적 실천으로는 전시 준비 단계부터 친환경 자재를 사용해서 폐기물 발생을 최소화하고 있구요. 예를 들어서 전시장에 설치된 시설물들을 철거하면서 발생하는 이런 폐기물들을 기존 대비 50% 가량 줄였다고 합니다. 그리고 관람객들에게 종이 리플렛 대신에 디지털 가이드를 활용해서 전시 해설을 제공하고 있고요. 입장권도 모바일 티켓으로 전환해서 초기에 종이 사용을 최소화하고 있습니다. 이렇게 국내외 미술관도 ESG 관점에서 전시 방식에서 큰 변화가 일고 있는 추세입니다.

7. 말씀을 해 주신 것처럼 규모가 큰 어떤 기업이나 기관의 ESG 경영이 활발하게 진행되고 있는 게 사실인데 이런 기업인들과 문화예술계 그리고 시민들이 모두 상생하면서 이렇게 ESG 문제를 실천할 수 있는 방안들은 어떤 게 있을까요?

네, 문화예술 분야와 ESG 이슈들의 접점이 다양하게 이제 열려 있기는 하지만 앞에 사례처럼 실제 현실은 규모가 큰 기업이나 기관에 한해서 ESG 경영이 활발하게 진행되고 있는 것이 현실이거든요. 그리고 어느 한

쪽의 노력만으로는 ESG 실천이 이루어질 수 없다고 생각합니다. 그래서 환경적 가치 사회적 가치 올바른 가치를 실현하려고 하는 기업들하고 같이 함께할 수 있는 문화예술 그리고 시민들이 서로 균형을 맞춰서 함께할 때 비로소 가능한 것이거든요. 특히 지역에서 이런 실천이 굉장히 어렵고 열악한 것이 현실인데요. 그래서 기업인들하고 문화예술계 그리고 시민들이 서로 상생하면서 이런 ESG 문제를 실천할 수 있는 방안들을 같이 고민할 필요가 있다고 생각합니다.

8. 그런 고민들을 좀 함께 이야기 나눌 수 있는 그런 자리들도 마련이 돼야겠네요.

네, 당연하죠. 그런 빙안들이 좀 필요합니다.

[실천 방안]
ESG(환경, 사회, 거버넌스) 원칙을 기업, 문화 및 예술, 지역 커뮤니티, 시민 등 다양한 부문에서 성공적으로 구현하려면 협력과 혁신이 핵심이다. 이러한 다양한 이해관계자가 ESG 문제를 실행에 옮기기 위해 협력할 수 있는 몇 가지 방법은 다음과 같다.

1. 기업과 문화예술 부문 간 협력
- 창의적 관행의 지속가능성: 기업은 문화 및 예술 단체와 협력하여 창의적인 표현을 통해 지속가능성에 대한 인식을 높일 수 있다. 예를 들어, 기업은 환경 주제에 초점을 맞춘 미술 전시회나 공연을 후원할 수 있으며, 예

술가는 친환경 소재를 사용하거나 예술을 통해 사회 정의 문제를 해결하여 지속가능성을 작업에 통합할 수 있다.
- 문화예술을 통한 후원 및 자선활동: ESG에 전념하는 기업은 문화 행사를 후원하거나 다양성 및 포용성, 환경 정의 또는 지역 사회 개발과 같은 ESG 목표와 일치하는 프로젝트를 진행하는 예술가와 조직에 보조금을 제공할 수 있다.
- 창의성과 교육을 위한 공유 공간: 기업은 문화예술 부문과 협력하여 기업과 예술 단체가 지속가능성, 책임 있는 거버넌스, 사회적 형평성을 증진하는 프로젝트에 함께 참여하는 허브(hub) 공간을 만들 수 있습니다. 예를 들어, 기업은 예술가가 ESG 주제에 초점을 맞춘 작품을 만드는 워크숍을 개최하고, 그 대가로 해당 작품을 기업 행사나 공공장소에서 선보일 수 있다.

2. 시민을 위한 일상생활 속 ESG 증진
- 문화예술을 통한 대중 참여: 문화예술 단체는 공공 예술과 공연을 활용하여 ESG 관련 문제를 더 광범위한 관객에게 전달할 수 있다. 환경 또는 사회 정의를 주제로 한 거리 예술 프로젝트, 영화제 또는 음악 공연은 대중의 인식을 높이고 기초 수준에서 행동을 촉구할 수 있다.
- 교육 및 인식 캠페인: 기업과 예술가는 시민이 ESG 주제에 참여하도록 하는 교육 캠페인에 협력할 수 있다. 여기에는 시민들이 탄소 발자국을 줄이고, 공정한 노동 관행을 옹호하거나, 지역 경제를 지원하는 것과 같이 ESG 가치를 삶에 통합하는 실용적인 방법을 배우는 미디어 캠페인, 소셜 미디어 챌린지 또는 워크숍 등이 포함될 수 있다.
- 커뮤니티 프로젝트: 기업인, 예술가 및 지역 시민은 커뮤니티 주도 ESG

프로젝트에 협력할 수 있다. 예를 들어, 재활용 소재로 만든 지역 미술 설치물이나 윤리적 투자에 대한 비즈니스 전문가가 주도하는 워크숍은 다양한 그룹이 공통 ESG 목표를 향해 함께 일할 수 있는 기회를 만들어 낸다.

3. 부문 간 이니셔티브
- 지속가능한 소비: 기업은 문화예술과 협력하여 지속가능한 소비 관행을 장려할 수 있다. 예를 들어, 패션 브랜드는 디자이너 및 예술가와 협력하여 환경 친화적인 제품이나 컬렉션을 만들 수 있으며, 폐기물을 줄이는 것의 중요성을 강조할 수 있다.
- ESG 중심 기업 이벤트: 기업은 문화예술 단체와 협력하여 ESG 가치를 이벤트에 통합할 수 있다. 이러한 이벤트에는 환경 및 사회적 지속가능성에 초점을 맞춘 공연, 전시회 또는 워크숍이 포함되어 ESG 원칙을 대중의 인식확산에 기여할 수 있다.
- ESG 혁신 및 인큐베이션 허브: 기업은 ESG 관련 프로젝트에 참여하는 아티스트, 기업가 및 시민에게 리소스를 제공하는 혁신 허브를 후원할 수 있다. 이러한 허브는 지속 가능한 재료, 재생에너지 솔루션 또는 커뮤니티 중심 사회 프로그램에 대한 새로운 아이디어를 육성할 수 있다.

4. 투명성 및 책임성
- 공개 보고 및 참여: ESG 경영에 전념하는 기업은 진행 상황에 대한 투명한 보고를 제공하고 시민을 프로세스에 참여시킬 수 있다. 아티스트와의 파트너십을 통해 이러한 보고서는 시각적 스토리텔링, 참여형 소셜 플랫폼 또는 영화를 통해 일반 대중에게 더 접근 가능하고 매력적으로 만들어질 수 있다.
- 클라우드 소싱 솔루션: 기업은 문화예술 단체 및 시민과 협력하여 ESG

이니셔티브에 대한 아이디어를 클라우드 소싱 할 수 있습니다. 여기에는 참가자가 ESG 과제에 대한 솔루션을 설계하고 이러한 아이디어를 실현하는 데 도움이 되는 비즈니스 지원을 제공하는 경쟁 또는 챌린지가 포함될 수 있다.

기업, 문화예술, 시민 생활 전반에 걸쳐 협업을 촉진하고 목표를 일치시킴으로써 ESG 기준은 사회 모든 측면에 깊이 자리 잡을 수 있으며, 모든 사람이 지속가능한 미래를 만드는 데 역할을 수행하기가 더 쉬워질 것이다.

III

법과 규제가 움직인다
- ESG는 선택이 아니다

: 정책 변화와 기업 경영 환경의 변화

한국 수출기업에 탄소 족쇄가 채워진다

1. 철강 한 장에 붙는 세금이 탄소 때문이라고요? 유럽에 수출하려면 탄소 인증서부터 사라고요? 요즘 수출기업들 사이에서 이런 말들이 심심치 않게 들린다고 합니다. 대체 무슨 일이 벌어지고 있는 걸까요?

네, 최근 정부가 우리 기업들에게 탄소국경조정제도(CBAM) 대응과 관련해서 기업 지원 방안들을 발표했는데요. 이와 관련해서 주목해야 할 주요 업종들의 ESG 이슈와 대응방안들에 대해서 말씀드리겠습니다.

2. 탄소국경조정제도 말씀을 해 주셨는데 이것이 무엇인지 먼저 설명이 좀 필요할 것 같습니다.

탄소국경조정제도, Carbon Border Adjustment Mechanism, 즉 CBAM이라고 하는데요. 유럽연합(EU)이 2030년까지 온실가스 감축 목표를 달성하기 위해서 시멘트, 전기, 비료, 철강, 알루미늄, 수소 등과 같은 6개 품목에 대해서 이들 제품들이 제조 시에 발생하는 탄소 배출량을 의무적으로 보고하도록 하는 것입니다. 앞으로 유럽연합의 이와 관련한 제품들을 수출하는 우리 기업들은 탄소배출량 규모에 따라서 탄소 인증서를 구매해야 하는데요. 그래서 기업들은 이제 시장 경쟁력을 가지기 위해서는 제품의 가격이나 제품의 품질이 문제가 아니고, 탄소 감축이라는 ESG 이슈들이 문제가 될 수 있다는 말입니다.

3. 우리나라도 유럽연합에 철강이나 관련 제품들을 많이 수출하잖아요. 그러면 이제 우리 수출 기업들에게 상당히 위기가 될 수도 있다는 이야기가 될 수도 있겠네요. 교수님.

네, 맞습니다.

4. 구체적으로 어떤 내용의 발표들이 있었을까요?

우선 유럽연합의 탄소국경조정제도가 전환 기간을 가지고 있는데요. 2023년 10월부터 2025년 12월 말까지고요. 2026년 1월 1일부터 본격적으로 탄소세가 부과되는 시점입니다. 따라서 이 6개 품목 수출 기업들을 돕기 위해서 온실가스 배출량을 측정할 수 있는 해설서를 보급하겠다는 것이고요. 우리나라 수출 기업들이 탄소국경조정제도와 같은 글로벌 환경 규제들을 새로운 수출 기회로 활용할 수 있도록 산업통상자원부, 중소벤처기업부, 환경부 그리고 관세청 같은 관계 부처들과 유관 기관들이 함께 고민하면서 이런 탄소 리스크를 감소할 수 있는 방안들과 올해 2024년 탄소국경조정제도 대응과 관련해서 기업들의 지원방안들을 발표하는 설명회 자리를 마련했습니다.

5. 그렇군요. 이런 무역 규제를 해서라도 탄소를 줄이겠다, 이렇게 이해가 되는데 구체적으로 정부가 어떤 지원을 하겠다는 내용들이 발표가 됐나요?

우선 그동안 각 부처나 기관들이 산발적으로 진행해 오던 정보 제공이나 설명회를 통합을 했고요. 관련 기업들이 있는 지역을 권역별로 찾아가서 탄소국경조정제도에 대응할 수 있는 방안들을 공유하는 설명회를 개최할 계획에 있습니다. 먼저 4월 달에 영남권을 시작으로 수도권에서는 5월, 10월 2번 가질 예정이고요. 충청권은 7월에 가질 예정인데요. 기업들이 영향을 많이 받을 수밖에 없는 그런 기업들이 있는 지역에서 설명회를 추진할 계획에 있습니다. 특히 6개 품목 중에서도 수출 비중이 가장 큰 철강의 경우, 일관제철, 즉, 제선>제강>압연과 같은 이런 3단계 공정을 하나의 장소에서 이뤄지도록 하는 것인데요. 이들 공정과 전기로 공정과 같은 철강 제품 생산 공정별 배출량 산정 방법과 그 절차를 기업 실무자들이 유사한 예시를 참조해서 보다 쉽게 배출량을 산정할 수 있도록 하는 해설사라든지 상담을 통해서 지원하겠다는 겁니다.

6. 그동안 우리나라 탄소 배출 관련해서 대응 수준이 좀 낮았고, 정부 대응이 이원화돼서 기업들 지원이 효율적이지 못했다. 그런 내용인데 구체적으로 그럼 어떤 해결 방안을 제시했을까요?

그래서 데이터를 살펴봐야 될 텐데요. 우선 세계적인 기후평가 기관인 저먼워치(German Watch)와 기후행동네트워크(CAN)에서 발표한 자료를 보면, 글로벌 온실가스 90%에 해당하는 책임을 가지고 있는 61개국의 온실가스 배출과 탄소감축 이행 노력들을 종합해서 매년 기후변화대응지수(CCPI)를 산출하고 있는데요. 우리나라 경우 2021년 기준으로 100점 만점에서 26점을 받아서 60위였고요. 거의 꼴찌죠.

7. 아, 분발해야겠네요.

그렇죠. 옆 나라 중국은 38위로 우리나라보다 대응 수준이 굉장히 높습니다. 따라서 이런 기후변화 대응 수준 때문에 그동안 이원화되어 있던 산업부, 환경부의 상담 창구를 '정부 합동 탄소국경조정제도 상담창구(헬프데스크)'로 일원화해서 기업들에게 편의성을 개선하겠다는 것인데요. 향후에 이런 상담을 위해서 통합번호 1551-3213으로 연락해서 관련 내용으로 전문가와 상담을 받을 수 있도록 하겠다는 것입니다.

8. 추가적인 정부 지원 내용이 있다면 어떤 것이 있을까요?

그리고 2024년 올해부터 탄소 배출량을 산정한 경험이 부족한 중소·중견기업들에게 탄소 배출량 산정과 같은 다소 전문성이 요구되는 사항에 대해서 컨설팅을 제공하는 지원사업도 신설해서 진행되고요. 중소벤처기업부는 이와 관련해서 지원 사업을 5월 6일부터 31일까지 공고할 계획이 있습니다. 그리고 환경부는 4월 22일부터 공고를 진행해서 5월 17일까지 기업들 신청을 받을 계획입니다.

9. 그럼 우리 기업들이 이제 탄소국경조정제도에 해당이 얼마나 되는지

이것부터 정부에서 좀 파악해야 하지 않을까 싶은데 어떤가요?

네, 그렇죠. 먼저 규모를 저희가 파악을 해야 될 텐데요. 2022년 9월 국회 미래연구원에서 발표한 내용인데요. 2030년 기준으로 우리나라 탄소국경세 부담액이 8조 2,456억 원 정도로 수출 예상액에 거의 11.3%에 달할 것이라고 예상을 했습니다. 좀 더 자세히 살펴보면, 수출액 대비해서 탄소국경세 부담 비율은 석유 정제에서 36.4%, 철강 23.8% 운송장비 쪽에서는 8.8% 이렇게 나타났고요. 자동차, 석유화학, 전기, 전자 등 이런 업종들도 부담해야 하고요. 우리나라 제조업의 영업 이익이 수출액 대비해서 5%에서 8% 내외라는 점을 감안하면, 수출이 중단될 수도 있는 초유의 사태를 맞이할 수도 있습니다.

따라서 우리나라 수출 기업들에게 유럽연합의 탄소국경조정제도에 해당되는지 여부를 미리 알려 주겠다는 것이 이번 정부 지원 사업 내용이고요. 구체적으로 우리나라 기업이 유럽연합 회원국들에게 대상 품목을 수출하면 관세청 수출 및 기업지원센터에서 전화나 문자 그리고 메일로 이와 관련된 제도들을 안내해서 관련 리스크를 줄이겠다는 것이 정부 계획입니다.

10. 그렇군요. 말씀대로라면 그냥 단순히 어느 기업만의 문제가 아니라 우리나라 전체적으로 수출 경쟁력에 상당히 부정적인 영향을 미칠 수도 있겠네요.

네, 맞습니다.

11. 그렇다면 대상 업종 기업이 주목해야 할 ESG 이슈 그리고 대응 방안이 있다면 어떤 것들이 있을까요? 교수님.

우선 철강업종을 살펴보면, 철강업종의 경우는 글로벌 탄소 규제에 대응을 해야 될 것이고요. 자동차와 부품 업종은 전 과정 평가(Life Cycle Assessment, LCA) 기반으로 탄소 배출량 측정대상 업종이고요.[4] 유통업종은 포장폐기물관리 그리고 식품업종은 지속가능한 제품 개발이 주요 규제 이슈가 될 것입니다. 그리고 패션 업종도 역시 공급망 노동과 인권 이슈 관리가 필요한 상황입니다.

국내 철강 업종의 경우는 해외 수출 비중이 굉장히 높은 산업이기 때문에 해외 ESG 규제에 따라서 선제적으로 대응 체계를 마련해야 하는 상황이고요. 2026년 1월 1일부터 본격적으로 시행되는 유럽연합의 탄소국경조정제도 품목으로 선정된 만큼 대응 방안이 시급합니다. 따라서 기업들은 제품 내 탄소 배출량 산정도 물론이지만 탄소중립 목표 선언과 이행으로 탄소배출 감축을 목표로 경영전략을 새롭게 마련해야 할 것입니다.

12. 네, 그리고 또 다른 업종의 경우는 어떤 대응이 필요할까요?

자동차와 부품산업 역시 철강도 마찬가지로 해외 수출 비중이 높은 산

---

[4] LCA, 환경전과정평가는 제품 및 서비스의 원료 채취부터 제조, 유통, 사용 및 폐기에 이르기까지 전 과정에 걸친 환경 영향을 정량적으로 분석 및 평가하는 방법이다. 온실가스 배출 외에 다른 모든 환경도 함께 평가한다는 점이 '제품 탄소발자국(Product Carbon Footprint, PCF)'과는 다르다.

업이고요. 타 산업 대비해서 다수의 부품 협력사를 보유한 산업이기 때문에 공급망 ESG 관리가 필수적인 상황입니다. 특히 완성차 업체들의 경우에는 탄소중립 목표를 위해서 차량 제조 전부터 폐차까지 모든 과정에서 탄소 배출량을 총합적으로 평가하는 LCA, 즉 전 과정 평가를 통해서 그 현황을 파악하고 대응해 나가야 됩니다. 그리고 저탄소 제품 생산을 위해서 완성차 업체와 협력사 간의 상생협력이 확대돼야 할 것입니다.

그리고 유통업 역시 포장폐기물로 심각한 환경영향을 유발하고 있는 업종인데요. 글로벌 포장폐기물 저감 정책이 마련되고 있고 소비자 요구가 커지고 있기 때문에 폐기물에 대한 기업들의 사회적 책임과 포장폐기물의 지속가능성을 제고하는 노력이 필수적인 요소가 되고 있는 상황입니다. 따라서 포장재 친환경성을 강화하고 적합한 폐기물 절차 준수를 위해서 라벨링이라든지 소비자 인식 제고와 같은 다양한 이해관계자들의 사회적 책임 노력이 필요합니다.

13. 그리고 이제 소비자와 가까운 산업을 들자면 식품산업이나 패션산업이 될 수 있을 것 같은데요. 이 산업들 같은 경우는 소비자의 니즈와 요구에 따라서 굉장히 많은 영향을 받잖아요. 그래서 더욱 ESG 관리체계가 필요할 것으로 생각이 되는데 이 부분에 있어서는 어떤 대응이 필요한지에 대한 말씀과 함께 마무리 말씀까지 부탁드리겠습니다. 교수님.

식품 산업의 경우는 온실가스 배출량이 전 세계 온실가스 배출량의 약 26% 정도로 이를 만큼 온실가스 다 배출 업종인데요. 소비자들의 니즈와 요구에 따라서 많은 영향을 받게 되고 특히 친환경 식품과 사회적 가치에 대한 소비자들의 요구가 증가하고 있죠. 따라서 식품 기업들은 그 가치사슬 내에서 환경 영향을 최소화하고 ESG 관련 소비자 니즈와 요구에 선제적으로 대응해야 할 필요가 있습니다.

 패션 산업 역시 식품산업과 마찬가지로 최종 소비자와 맞닿아 있어서 이 업종의 경우에 가격과 생산 속도의 효율성이 많이 요구되고 있는데요. 과도한 업무가 집중되다 보니까 공급망 인권침해 이슈가 발생되고 있고요. 이 패션 산업 공급망에 취약한 노동 환경이라든지, 고용 조건이 불안하다든지, 이런 인권 이슈와 성차별과 성희롱 등에 취약한 것으로 나타나고 있습니다. 그래서 패션 산업은 글로벌 공급망 비중이 높은 산업이니만큼 투명한 공급망의 인권보호 이슈 관리가 필수적이라고 분석되고 있습니다.

 따라서 이번 기회에 규제받을 수 있는 산업들은 공급망 행동규범이라든지. 공급망 ESG 관리체계 수립이라든지. 그리고 인권교육 프로그램을 통해서 근무환경 개선을 유도하는 노력이 필요할 것으로 보여집니다.

14. 네, 오늘 말씀 여기까지 듣겠습니다. 잘 들었습니다. 고맙습니다.

나무 베다 감옥 간다? ESG 시대의 법

1. 나무를 베었다가 감옥에 간다. 이런 말이 현실이 되는 시대가 오고 있네요. 그만큼 환경을 파괴하는 행위가 이제는 강력 범죄로 다뤄진다는 의미일 텐데요. 환경 파괴가 범죄로 규정되는 ESG 시대의 법적 변화 때문이라고요?

네, 오늘은 지속가능경영 ESG 분야에 지난주 뉴스들을 좀 간략히 정리해서 말씀드리고요. 먼저 ESG 관련 국내 정책 동향과 뉴스들 그리고 최근에 EU 의회에서 통과된 '환경범죄법'을 정리해서 말씀드리겠습니다.

2. 그렇군요. 자, 그러면 먼저 국내 ESG 관련한 뉴스들을 좀 살펴볼까요?

네, 우선 중소벤처기업부에서 탄소중립전환사업 참여 기업을 모집하고 있는데요. 최대 3억 원까지 지원하겠다는 내용입니다. 모집 기한은 2월 19일부터 3월 8일까지이고요. 글로벌 기업의 공급망 탄소관리 강화에 따라서 저탄소 공정 전환이 시급한 중소기업들의 탄소 감축 설비 투자를 지원하겠다는 취지입니다. 해당 기업들의 경우 1차 금속 제조업이나 금속

가공 제품 제조업 그리고 비금속 광물 제품 제조업 같은 이런 탄소 배출을 많이 하는 업종의 기업들에게 가점을 부여해서 우대 선정한다고 합니다. 그리고 올해 지원 규모는 작년에 비해서 약 2배 이상 확대된 100개 기업 정도가 될 것으로 예상되는데요. 전라북도 기업들의 관심이 좀 필요합니다.

3. 그리고 환경 관련해서 또 추가적으로 뉴스가 있다면 어떤 내용이 있을까요?

네, 환경부가 관리 중인 댐이 있는데요. 전국에 34곳의 댐을 활용해서 재생에너지를 생산하겠다는 방안을 발표했습니다. 이 댐 중에 일부는 태양광 발전시설을 배치하고, 신재생에너지를 생산한다는 목표를 세웠습니다. 그리고 수상 태양광을 통해서 댐 활용 가능성을 확대하고, 이 태양광 확대를 위해서 올해 2024년에는 관련 규제도 완화해서 추진할 방침이라고 합니다.

4. 그렇군요. 또 다른 환경 규제 사항이 있다면 어떤 것이 있을까요?

네, 자치단체가 관심을 기울여야 될 부분인데요. 내년부터 미생물로 사람 및 가축 분뇨, 음식물류 이런 폐기물 등의 유기성 폐자원을 분해해서 생산하는 바이오 가스 생산 목표제가 도입이 됩니다. 의무 생산자가 일정량 이상의 바이오 가스를 생산하지 않을 경우에는 과징금도 부과한다고 하고요. 바이오 가스 생산량이 사실은 지난 2018년 약 3억 5,371만 ㎥,

이 정도 양에서 2021년 3억 7,500만 ㎥로 늘어난 후, 재작년 2022년 3억 6,971만 ㎥로 줄어들면서 이용 증가분을 따라가지 못했습니다.

  그래서 내년부터는 지방자치단체가 바이오 가스 공공 의무 생산자로서 연간 발생한 폐자원으로 만들 수 있는 바이오 가스 양의 절반 이상을 의무적으로 생산해야 하고요. 그리고 민간의 경우에는 그 생산 목표제가 오는 2026년 시행을 하고, 민간 의무생산자는 바이오 가스의 10% 이상을 만들어야 합니다.

5. 그러니까 지금까지 해 주신 이야기를 종합을 해 보면 어떤 물이나 바이오 가스, 수상 태양광 이런 자원들을 활용을 해서 친환경 에너지를 좀 늘리겠다. 이런 계획인 건가요?

  그런 취지라고 볼 수가 있습니다. 그러니까 신재생에너지의 자원을 좀 확대하겠다는 것이고, 이런 자원에 정책 지원하겠다는 의미입니다.

6. 그렇군요. 자, 다음으로, 이제 사회적 책임과 관련해서 어떤 뉴스가 있을까요?

  네, 환경부와 한국환경공단이 노후된 유해화학물질 취급 시설을 개선하고자 하는 업체를 대상으로 화학안전사업장 조성 지원 사업 신청을 받았는데요. 올해 지원 사업 규모를 보면 총 80억 원이고요. 업체당 최대 4,200만 원까지 지원받을 수 있다고 합니다. 그리고 지원 대상은 유해화학물질을 취급하는 중소기업으로 유해화학물질의 누출을 방지하기 위한 시설이나 노후화된 저장시설 배관 등과 같은 교체 비용을 지원하겠다고 밝혔습니다.

7. 신청 기간이 제가 보니까 3월 11일까지로 연장이 됐다고 하네요. ESG 관련 뉴스들 정리해 보고 있는데, 마지막으로, 거버넌스 지배구조 관련한 뉴스들 어떤 것이 있을까요?

최근에 금융위에서 국내 ESG 공시 기준 간담회를 개최했는데요. 이 공시 관련해서 그 글로벌 ESG 공시 동향과 정부 대응을 살펴보고 향후에 있을 국내 상장기업에 적용되는 ESG 공시 기준의 방향성을 논의했는데요. 이 간담회를 통해서 금융위가 국내 ESG 공시기준 초안을 올해 3월이나 4월 중에 발표할 예정이라고 합니다. 그래서 미국을 비롯해서 주요 나라들의 ESG 공시 의무화 논의가 지연되고 있는 점을 고려해서 국내 상장 기업들에게 적용할 예정인 ESG 공시 제도를 2026년 이후로 도입하기로 했고요. 구체적인 시기는 추후 논의해서 선정하기로 했습니다.

8. 그러면 지금까지는 이제 우리나라에는 ESG 공시 기준에 대한 어떤 통일된 기준 같은 것이 전혀 없었던 건가요?

국제적으로도 통일된 기준이 없었었는데, 2023년 ISSB라고 하는 국제 지속가능위원회에서 글로벌 최초로 ESG 공시기준을 발표를 하면서 전 세계 주요 나라들이 그 기준을 따르겠다고 이야기를 했고요. 우리나라 금융위에서도 그 공시를 기준으로 우리 산업에 맞도록 수정해서 발표를 하겠다고 발표한 바가 있습니다.

9. 그렇군요. 국내 ESG 관련한 뉴스들 살펴봤고요. 다음으로는 '환경범죄법' 관련한 이야기입니다. 유럽연합 의회에서 통과된 '환경범죄법' 이것이 정확하게 어떤 건가요?

강력한 법인 것 같은데요. 최근 유로 뉴스에서 EU 의회가 환경범죄에 대해서 최대 10년 징역형을 선고할 수 있는 처벌법을 승인했다고 전했습니다. 이 법은 사실 지난해 11월 잠정적으로 합의한 내용이고요. 이 법의 내용을 보면 불법으로 벌채한 목재나 불법적인 수자원 고갈 그리고 EU 화학법에 중대한 위반 그리고 선박으로 인한 오염 그리고 대규모 산불이나 기타 오염으로 인해서 생태계를 파괴할 경우 등 이런 범죄를 대상으로 처벌한다는 내용입니다. 이번 환경 범죄 승인으로 EU 탄소 국경 조정 메커니즘(CBAM), 즉 탄소국경세 부과 제도라고 보시면 되는데요. 그러니까 EU 시장에 진출하려는 외국 기업이나 무역상들에게는 또 하나의 장벽이 될 수가 있겠습니다.

10. 그러면 이제 환경범죄법이 적용이 되면 어떤 조치들이 벌어지는 건가요?

이 법안이 2008년 EU 지침을 개정한 버전이고요. 중대재해처벌법처럼 오염의 책임 있는 회사의 주요 직책에 있는 사람들도 기소가 될 수 있다는 겁니다. 그리고 이 법안을 위반한 기업이나 개인의 경우에는 손상된

환경을 복구하고 보상금을 지불해야하고요. 이 법안을 적용할 경우에 기업이 물어낼 수도 있는 벌금은 전 세계 연간 매출액의 최대 5% 또는 최대 4,000만 유로 그러니까 한화로 약 577억 원 정도의 규모입니다.

11. 벌금이 상당하네요.

그렇죠. EU 의회에 따르면 환경범죄는 세계에서 네 번째로, 큰 범죄로 간주하고 있는데요. 마약, 무기, 인신매매 같은 조직범죄의 주요 수입원 중의 하나라고 규정을 하고 있습니다. 그래서 이렇게 증가하고 있는 환경범죄에 대처하기 위해서 2021년 12월에 형법을 통해서 EU에서 환경보호를 강화하는 제한을 도입한 것입니다.

12. 국내와는 분위기가 참 다르다는 생각이 드는데 우리나라도 이렇게 환경범죄법이나 이와 비슷한 법이 있는 건가요? 어떤가요. 교수님.

아직은 없고요. 환경범죄법 같은 이런 법들이 우리나라에서도 시행했으면 좋겠다는 생각입니다. 지난 2007년 태안반도 기름 유출 사건이 있었죠. 다들 기억하실 텐데요. 삼성 크레인선과 홍콩 유조선이 태안 앞바다에서 충돌하면서 서해안부터 제주도 근처 남해까지 기름이 유출된 사건이었죠. 최악의 원유 유출 사건이었는데요. 사고 이후에 전국적으로 100만 명이 넘는 자원봉사자 덕분에 예상보다 빨리 기름 제거를 완료하게 되었었죠. 손해배상금만 4,329억 원 정도 확정될 만큼 피해는 심각했고요. 그럼에도 태안 앞바다 기름 유출로 환경의 엄청난 파괴를 했으면서도 삼성물산 처벌이 좀 미약했습니다.

  그래서 이렇게 환경 살해는 범죄라는 인식과 이를 막기 위한 강력한 법적 보호 조치를 시행하는 것이 안전한 세상을 향한 필수 단계로 받아들여지는 것은 이제 시간문제인 것 같습니다. 2024년 총선이 얼마 남지 않았는데요. 기후 위기에 대한 유권자들의 관심이 커지고 있고, 전 세계 선거에서 결과를 뒤바꿀 주요 변수가 되고 있다는 조사결과들이 나오고 있는 만큼 기후 위기로 인해서 발생되는 사회문제를 해결하기 위한 대응 방안 등을 모색하는 많은 정책들이 나왔으면 하는 바람입니다.

  13. 네, 오늘 말씀 여기까지 듣겠습니다. 고맙습니다.

협력사도 탈탄소 안 하면 끝장난다

1. 해외로 제품을 수출하는 기업이 하청업체에서 발생한 노동 착취나 환경오염 때문에 벌금을 내고 계약이 끊긴다면 어떨까요? 대기업과 거래하는 중소 협력업체도 탄소 감축을 못 하면 계약이 끊길 수 있다면 믿으시겠습니까? 이제는 협력사의 탄소 감축과 인권 문제까지 기업이 책임지는 시대네요?

최근에 국내에서 중대재해처벌법이 확대 시행되었죠.[5] EU에서도 얼마 전에 지속 가능성 실사지침(CSDDD)이 대폭 수정되고 통과되면서 기업들의 대응이 커지고 있는데요.[6] 이 EU의 지속가능성 실사지침이라는 것

---

5) 2021. 1. 8. 국회에서 통과하여 2022. 1. 27. 시행되었다. 중대산업재해 또는 중대시민재해가 발생하는 경우, 이러한 재해가 사업주와 경영책임자 등이 안전 및 보건 확보의무를 다 하지 못하여 발생하였다면 형법에 따라 처벌(사망의 경우 1년 이상 징역 또는 10억 원 이하 벌금)을 받고, 민법상 손해액의 최대 5배 범위에서 징벌적 손해배상 책임을 부담할 수도 있다. 하지만 2024. 10월 기준, 법 시행 2년 9개월 동안 실형 선고는 4건, 집행유예 20건으로 그친 것으로 나타났다. 따라서 대법원은 이 법에 대한 구체적인 양형 기준을 마련해야 한다는 지적과 감형 요소에 대한 엄밀한 판단이 필요하다는 지적이 있다.

6) EU의 기업 지속가능성 실사지침(Corporate Sustainability Due Diligence Directive,

이 기업에게 공급망 전반에 대해서 환경이나 인권 관련한 실사 책임을 부여해서 만약에 이것을 어길 경우에는 민형사상 책임을 묻겠다는 내용입니다. 한마디로 유럽판 중대재해처벌법이라고 할 수 있는데요. 오늘 이것에 대해서 자세히 말씀드리도록 하겠습니다.

2. 유럽판 중대재해처벌법 공급망 실사법 관련해서 이야기를 해 주신다고 하셨는데 조금 자세히 설명을 해 주실 수 있을까요?

네, 지난 3월 15일 유럽연합 이사회가 가까스로 공급망실사법 적용 기준을 대폭 완화해서 EU 기업의 지속가능성 실사지침(CSDDD)을 승인했는데요. EU 공급망 실사법이라는 것이 EU에서 영업 활동을 하는 기업이 협력이나 납품 업체들의 인권 현황과 환경오염이나 온실가스 배출량 같은 ESG 요소들을 자체 조사해서 파악하고 문제가 있으면 이것을 의무적으로 해결하라고 하는 법입니다.

그래서 해당 기업들이 제품의 생산이나 유통하는데 공급망, 즉 협력 업체들에 대해서 노예노동이나 아동노동, 임금 착취, 온실가스 배출, 환경오염, 생물 다양성 훼손, 생태계 훼손, 산업 재해, 직원 건강 위협 등 이런 ESG

CSDDD)이 2024. 7. 25. 발효되면서 기업의 공급망 내 인권과 환경 부문의 여러 요소를 실사 항목으로 삼고 있다. EU 역내 및 역외 기업들의 규모에 따라 적용 여부와 그 시점을 각기 다르게 정하고 있다. EU 회원국인 프랑스 및 독일 등에서는 개별적인 공급망 실사 규제가 제정되어 있어 기업들이 어느 정도 준비를 해 온 상태이나, CSDDD의 규제 대상이 될 것으로 예상되는 국내 기업들은 아직 준비가 많이 필요한 실정이다. CSDDD 미준수 기업에는 민사책임 및 글로벌 매출액 최대 5%의 벌금이 부과될 수 있을 뿐만 아니라 공공조달 사업에서 배제될 수도 있다.

관련 리스크가 발생하지 않도록 주의해서 관리해야 한다는 것입니다.

3. 그렇군요. 기업이 이제 좀 더 책임감 있는 경영 활동을 하도록 하기 위해서 환경, 인권 이런 부분들을 저해하는 요소가 뭔지 이런 것들을 점검하는 것이라고 할 수 있는데, 적용 대상 기업이라고 할까요? 어떤 기업들이 해당이 되나요?

네, 조금 완화됐는데요. 적용 대상 기업 기준은 EU 27개국 회원국 내에 직원 수 1,000명 이상 그리고 글로벌 매출액 4억 5,000만 유로(한화 약 6,500억 원) 이상 기업으로 좀 완화됐고요. 당초에 작년 12월 합의안과 비교해서 직원 수는 2배(기존 500명) 정도 그리고 전 세계 매출액은 3배(기존 1억 5,000만 유로) 늘려 적용을 해서 대폭 수정됐고요. 그리고 법적 시행 단계도 합의안보다는 좀 완화돼서 모든 범위 내에 기업들에게 적용되기까지는 최소 7년 정도 시간이 걸릴 것으로 예상되고 있습니다. 공급망 실사법의 공식 발효 시기는 이르면 2027년부터 시작될 것으로 예상되고 있고요.

본격적으로 시행되면 제3국의 다른 나라 기업들 역시 직간접적인 영향권에 들게 되면서, 유럽에 한국 기업들도 대비가 필요할 것으로 보여집니다.

4. 그러면 이제 우리나라에 미칠 영향도 상당히 크다 이렇게 볼 수 있을 것 같은데요. 구체적으로 사례를 통해서 공급망 실사법에 대해서 설명을 좀 해 주실까요?

예를 들어서 지난 2020년에 미국이 아동 노동 착취와 강제노동을 이유로 말레이시아 기업이 생산한 팜유 수입을 금지 시켰고요. 2022년에는 위구르족 강제노동금지법을 제정해서 중국 북부 지역인 신장 지역에서 생산되는 의류와 태양광 패널 그리고 배터리 소재 같은 제품을 수입 금지시켰습니다.[7] 이렇게 미국에 수출하는 기업은 신장 지역이나 말레이시아의 해당 기업에서 생산된 원재료나 부품을 포함한 제품들이 최종 제품에 포함되지 않았다는 것을 입증해야 합니다.

그리고 우리나라의 경우에도 정신지체 장애인을 섬으로 유인해서 감금 폭행하고 또 강제 노동시킨 염전 노예 사건이 뉴스로 크게 보도가 된바 있는데요. 그리고 농어촌에서 일하는 많은 외국인 노동자들이 한국 농장주들에게 여권 뺏기고 축사나 과수원협회에서 열악한 비닐하우스에서 거주하면서 하루 14시간 이상 넘게 중노동을 강요받고 있는 기사들이 보도되고 있습니다. 만약에 이런 사건들이 미국이 주목해서 공급망 실사법의 잣대로 수출 금지 법안을 만들 경우에 우리 국내 수출 기업들은 이 지역에서 나오는 원재료를 사용하지 않았다는 것을 증명해야 하는 것입니다.

5. 그렇군요. 이제 인권 분야 관련해서 설명을 좀 해 주셨는데 그러면 이렇게 공급망 실사법이 인권뿐만 아니라 환경 문제에도 크게 영향을 미칠

---

[7] 2022. 6. 발효된 위구르족 강제노동 금지법은 위구르족 다수가 거주하는 중국 신장 상품과 신장산 원자재가 포함된 상품 등의 수입을 원칙상 금지하는 법률이다. 2024. 5. 미국 정부는 중국 소수민족 강제노동에 관여한 것으로 의심되는 중국 섬유업체 20곳 이상을 새롭게 '블랙리스트'에 올릴 것이라고 월스트리트저널이 보도했다. 26곳이 새롭게 추가되면 위구르족 강제노동 금지법에 따른 수입 제한 대상 기업은 65곳으로 늘어난다.

것 같은데요. 어떻습니까?

반인권 이슈뿐만이 아니라 기후 위기로 인해서 환경 리스크가 기업 경영에도 직접적으로 영향을 미쳐 무역장벽이 될 수 있고요. 그래서 글로벌 기업들이 반인권 이슈를 방지하고 환경 리스크도 관리하면서 자체적으로 공급망을 관리하기 시작을 했습니다. 이런 공급망은 최종 제품 생산과 공급을 위해서 협력적 관계로 연결된 기업들을 말하는데요. 주로 원재료 공급 업체나 하도급 업체 등과 같은 협력사를 말합니다.

6. 대기업 또는 글로벌 기업 등이 공급망 실사를 위해서 말씀하신 것처럼 이제 공급망 관리를 해야 할 것 같은데, 기업들이 어떤 대비책이 필요할까요?

이런 공급망 실사를 위해서 좀 시스템화할 필요가 있는데요. 우선 대부분 대기업들이 협력사와 거래하면서 계약서나 불공정 행위를 방지하기 위한, 예를 들어서 상생협약서, 청렴 서약서 같은 계약을 체결하고 있는데요. 이런 이유는 공정거래법이라든지. 하도급법 약관규제법, 가맹사업법 등 이런 갑의 위치에 있으면서 원청회사에서 반드시 서면으로 계약서에 체결하라는 의무 사항이기 때문이거든요. 근데 이제 이런 내용이 서면 계약서에 없는 경우에 과태료가 부과될 수 있고요. 공급망을 관리해야 하는 주체 입장에서 공정거래법 같은 관련 규정을 주의 깊게 검토해서 조금 체계적인 공급망 관리가 필요해 보입니다.

7. 우리나라 같은 경우 유럽 수출도 상당히 많은 편이잖아요. ESG 수준에서 공급망 실사법 적용 기업들은 어떻게 대응을 하면 좋을까요?

공급망 실사를 받는 수출 기업이나 협력사는 ESG 가운데 탄소 배출량과 관련된 환경 영역과 인권 노동을 포함한 사회 영역에 집중해서 대비할 필요가 있고요. 특히 환경 영역은 주요 실사 대상이 탄소 배출이라든지. 에너지 사용, 물 사용, 오염물질 배출, 폐기물 처리와 같이 측정해서 계량화시킬 수 있는 부분에 집중되어 있고요. 특히 작년부터 시행되고 있는 탄소세 일종인 EU의 탄소국경 조정 제도(CBAM)를 생각하면 탄소배출량 관리가 얼마나 시급한지 알 수 있을 것입니다. 그래서 탄소 배출량을 인식하고 이것을 관리하는 것이 기업 자체 ESG 수준을 가늠하는 기본 사항이 되는 것이고요. 공급망 실사에 대해서 대응 수준을 판단할 수 있는 그 기초자료에 해당될 것입니다.

그런데 이제 다행히 최근에 탄소 배출량을 자동으로 산출하는 서비스 개발 업체들이 많아지면서 조만간 기업들이 이 탄소배출량 대응하는 데 있어서 쉽게 산출할 수 있을 것으로 보여집니다.

8. 이 공급망 실사 관련해서 ESG의 또 다른 핵심 요소는 어떤 것이 있는지 말씀 부탁드릴게요.

또 다른 공공망 실사 핵심이 인권, 노동 위주로 구성된 사회 분야 리스크를 잘 관리하는지 여부인데요. 특히 ESG 측면에서 모성보호와 장애인 이슈가 중소기업의 경우에 취업 규칙에 반영되는 것을 꺼려하고 있는데요. 그 모성 보호나 장애인 이슈는 한 번 발생하는 것만으로도 회사 존폐와 직결되는 중대한 리스크에 해당되는 것이죠. 따라서 작년부터 시행된 장애인 차별 금지법으로 작업장에서 장애인을 보호하기 위한 업무 지침이나 가이드라인을 필수적으로 마련해야 하고요. 모성보호와 관련해서는 육아휴직, 단축근무 등을 이유로 그 불이익한 처우를 해서는 안 된다는 규정을 취업규칙에 반영하는 것이 필요합니다.

그리고 특히 근로자 안전보건이 굉장히 중요한데요. 지난달 27일부터 5인 이상 사업장에도 중대재해처벌법이 적용되면서 소규모 사업장에 해당하는 중소기업일지라도 중대재해 예방과 발생 시에 대처 방법을 제시하는 대응 매뉴얼을 갖출 필요가 있겠습니다. 결국 이런 기업들의 ESG 리스크 관리가 공급망 관리 핵심인데요. 기업들은 그 규모와 기업의 산업 군에 따라서 ESG 준수에 필수적인 법적 사항들을 파악해서 공급망 실사에 충분히 대응해야 할 것입니다.

9. 오늘은 공급망 실사법 관련해서 함께 이야기 나눠 봤습니다. 오늘 말씀 고맙습니다.

숲과 멸종동물까지… 기업 보고서에 등장하다

1. 기업 실적보고서에 멸종위기 동물이 등장했다고요? 숲과 강의 생태계 보존이 주주총회에서 논의된다는데, 이게 무슨 말일까요? 숲, 동물, 생태계…. 이제는 자연환경이 기업 경영과 투자 판단에 핵심 키워드가 되고 있네요?

지난 28일 산업부에서 개최한 이산화탄소 포집과 저장 및 활용, 즉 CCUS라고 하는 기술인데요.[8] 이와 관련한 내용과 ESG 관련해서 지원 사업들 그리고 국내외 ESG 이슈 중에서 생물 다양성 공시에 대한 내용을 말씀드리겠습니다.

---

8) Carbon Capture Utilization and Storage의 약자로 대기 중에 배출되는 이산화탄소(CO_2)를 포집(Capture)하여 활용(Utilization) 또는 저장(Storage)하는 기술이다. 이 기술은 CCS(Carbon Capture and Storage)와 CCU(Carbon Capture and Utilization)를 모두 포함하는 개념이다. CCS는 포집한 CO_2를 지하 깊은 곳에 저장하는 기술로써, 파이프라인이나 선박을 이용해 운반한 CO_2를 고갈된 유전 및 가스전 등 지하 800m 이상 깊이의 육지와 바다의 깊은 곳에 주입 및 저장한다. 주입된 CO_2는 시간이 지나며 용해되거나 광물화가 되는 것이다. CCU는 포집한 CO_2를 활용해 새로운 부가가치를 만드는 기술로써, 포집한 CO_2를 활용해 연료, 화학물질, 건축자재 등 새로운 제품을 만드는데 활용한다.

2. CCUS 관련해서 잠깐 말씀을 드리면, 철강이나 석유화학 같은 이런 화석연료를 연소하거나 특정 공정 중에 발생하는 이산화탄소를 포집해서 활용하거나 또 저장하는 그런 기술을 이제 CCUS라고 이야기를 하죠.

네, 그렇습니다.

3. 지난 28일에 열린 산업부 간담회 주요 내용은 어떤 내용들이 있었나요?

네, 기후 위기 대응을 위해서 이 CCUS 기술이 중요해지고 있는데요. 국내외에서 진행되고 있는 CCUS 사업에 대해서 현장의 목소리를 들어 보겠다는 그런 자리였습니다. 그러니까 '이산화탄소 포집 수송 저장 및 활용에 관한 법률' 제정과 해외 사례 그리고 주요 국가들이 이와 관련해서 정책을 어떻게 추진하고 있는지 그리고 이에 대해서 성과가 있으면 같이 공유하는 그런 자리였습니다. 그래서 이와 관련한 시장을 창출하고 민간 참여를 촉진하기 위해서 정부 역할이 아주 중요하는 인식이 컸고요. 특히 CCUS 사업을 위한 '집적화 단지 지정'이나 '기술지원센터설립'들을 통해서 이 분야의 사업 발전을 가속화하겠다는 것입니다. 이산화탄소 저장소가 풍부한 나라들과 협력해서 탄소중립의 핵심 기능을 하는 CCUS 기술을 다각도로 지원하겠다는 그런 내용이었습니다.

4. 그렇군요. 그러면 정부가 지원하는 다양한 사업들 관련해서 먼저 전해주실까요?

먼저 주목할 만한 지원사업 중에 최근 산업부에서 기업들이 순환경제에 선제적으로 대응할 수 있도록 '환경 친화적 산업 구조로의 전환 촉진에 관한 법률'에 따라서 2024년 순환경제 사업화 지원을 28일부터 시작했습니다. 그래서 중소중견기업들이 ESG 사업에 대응할 수 있도록 순환경제 신사업 발굴과 사업화를 할 수 있도록 지원하겠다는 것이 목적입니다. 이번 사업을 통해서 폐윤활유나 폐플라스틱을 재생 원료화해서 친환경 석유 화학 제품을 생산해 내고 그리고 배터리를 사용한 후에 금속재료를 추출해서 자원화할 수 있는 그런 선별 설비 구축의 성과가 있었습니다.

정부는 그런 순환경제를 보다 더 확산시키기 위해서 순환경제 신사업과 대기업 중소기업 상생 협력 모델을 발굴하고 지원할 계획이고요. 이 순환경제 관련해서 해외 전시회나 협력사업을 지원할 예정에 있습니다. 그리고 순환경제 관련 기술 제품을 보유한 기업 대상으로 인증 획득과 국내 전시회 참가도 지원하겠다는 것이고요.

이와 관련한 정보들은 산업부 홈페이지나 국가청정센터생산지원센터 홈페이지에서 확인할 수 있고요. 참여를 원하는 기업들의 경우에는 국가청정생산지원센터에 4월 29일까지 신청하면 됩니다.

5. 그리고 앞서 생물 다양성 공시 관련해서 말씀을 해 주셨는데 이 생물다양성 공시가 글로벌 사례로 나오면서 국내 기업들도 준비를 시작해야 된다는 이야기가 있던데 이것이 어떤 의미인가요? 교수님.

생물 다양성은 지속가능성 ESG 공시에서 기후변화 다음으로 중요한 의제로 지목되고 있는데요. 글로벌 3대 공시 기준 중에 유럽연합의 지속가능성 공기준에서 이 생물 다양성에 대한 내용을 다루고 있고요. 국제지속가능성기준위원회(ISSB)도 이 의제를 공시기준에 포함하는 것을 검토하고 있습니다. 그래서 우리 환경부와 대한상공회의소 그리고 세계 최대 규모의 환경보호 관련 국제기구인 세계자연보전연맹(IUCN)이 지난 27일 제1차 자연자본 공시 포럼을 개최했는데요. 국내 기업들이 생물 다양성 공시 준비를 시작하는 데 도움이 될 수 있도록 글로벌 동향과 사례를 공유를 하는 그런 자리였습니다.

사실 이와 관련해서 지난 2월에 국내 300개 기업 기업을 대상으로 설문조사를 했는데요. ESG 주요 이슈로 생물 다양성을 꼽는 응답자가 전체 1.3%에 불과했다는 것이고요. 자연자본에 대해서 글로벌 경제 의존도가 갈수록 높은데도 불구하고, 국내 기업들의 관심이 아직 그 높지 않은 것으로 보여집니다. 이것이 곧 기업들에게는 큰 리스크를 가져올 수도 있겠습니다.

6. 그러면 생물 다양성이라는 것이 우리가 어떤 생존을 하는 데 있어서 최소한의 안전망이다. 그 정도로 중요하다고 생각을 하면 되겠네요.

네, 그렇습니다.

7. 자연자본 의존도가 어느 정도인지 그리고 어떻게 영향을 미치는지 그 부분 관련해서도 사례를 통해서 말씀을 해 주시면 좋겠는데요.

네, 세계경제포럼(WEF) 보고서에 의하면, 전 세계 GDP의 절반 이상 44

조 달러, 한화로 약 6경 원 정도가 자연자원에 의존하고 있다고 하구요. 여러 다양한 산업에 걸쳐서 영향을 주고 있는데요. 예를 들어서 시멘트 산업의 경우 그 자체 산업뿐만이 아니고 전 세계 산업 용수 사용량에 9% 정도에 영향을 미치고 있다고 합니다. 그래서 이 산업뿐만이 아니고 전체 과정의 영향과 의존을 잘 파악하고 우선순위를 설정해서 리스크에 대응해야 된다는 의미입니다.

블룸버그 기관에서 조사한 연구에 따르면, 이 기업들이 자연자본과 관련해서 800억 달러, 한화로 약 108조 원 정도에 이르는 중대한 재무적인 영향을 받았다고 하고요. 기업들이 생물다양성과 자연자본에 대한 관리를 잘 못 하면 기업의 신용도가 하락하고 시가총액도 하락하고 민형사 소송과 같은 주요 ESG 리스크를 당할 수 있다고 이렇게 경고하고 있습니다.

8. 그러면 반대로 자연자본 관리를 잘한다면, 어떤 기업에게는 기회 요인도 될 수 있겠네요.

네, 맞습니다. 자연자본이 기회 요인이 될 수 있는데요. 최근 글로벌 생물 다양성 프레임워크(Global Biodiversity Framework, GBF)가 제시한 목표를 살펴보면 이 산업들이 네이처 포지티브(Nature Positive), 즉 자연의 손실을 멈추고 생물 다양성 감소 추세를 회복하는 길로 전환하자는 글로벌 자연회복 목표인데요.[9] 이렇게 네이처 포지티브로 전환을 하게 되

---

9) 세계경제포럼(WEF)의 '2024년 글로벌 리스크 보고서'에서 '생물다양성 감소와 생태계 파괴'가 향후 10년 간 인류를 위협할 장기적 위험 요인 중 3위로 선정했다. 글로벌 사회에서 '극심한 기상이변'과 '지구 시스템의 심각한 변화' 그리고 '생물 다양

면 2030년에 약 3억 9,500만 개 정도의 일자리를 창출하고 그리고 10조 1천억 달러, 한화 약 1경 3,600조 원 가량의 비즈니스 기회를 창출할 수 있다고 전망하고 있습니다.

9. 그렇다면 글로벌 기업은 물론이고 국내 기업들 경우에도 ESG 주요 이슈로 생물 다양성을 꼽는 기업들이 많지 않다는 말씀은 해 주셨지만, 생물 다양성 공시 준비는 지금 기업들이 어느 정도나 진행되고 있을까요?

국내 기업들도 그렇지만 글로벌 기업들도 사실 생물 다양성 공시에 대해서 이제 준비를 시작하는 단계고요. 공시보고서를 낸 사례가 그렇게 많지 않은 상황입니다.

호주의 산림관리 서비스 업체인 포리코(Forico)의 사례가 있는데요. 기업의 주요 사업장에 대해서 생물 다양성과 시나리오 분석을 포함해서 자세하게 보고서를 만들어 내고 있는 상황입니다. 우리나라는 아직 이 정도로 구체적인 보고서 사례는 나오고 있지 않습니다.

10. 그렇군요. 그러면 국내 기업들이 생물 다양성 공시를 더 활발하게 수행을 하려면 역시 정부 지원이 필요하다. 이렇게 얘기할 수 있겠네요.

성 감소와 생태계 파괴'를 심각한 위기로 지목했다. 2020년 세계경제포럼이 발표한 'Nature Rising Risk: Why the Crisis Engulfing Nature Matters' 보고서에 생물다양성 감소와 자연 자본 손실이 글로벌 경제와 기업에 미치는 영향을 분석하면서 이러한 리스크를 완화하고 자연을 복원하기 위한 전략으로 '네이처 포지티브(Nature Positive)'를 제안했다.

네, 맞습니다. 우선 생물 다양성 정보 공개라는 것이 현재까지는 기업의 자발성에 의존하고 있는 상황인데요. 참여기업들에게는 정부가 인센티브를 제공하고 ESG 공시 내용 중에 있는 생물 다양성 공시를 보다 구체적으로 확대하는 것이 필요하겠습니다. 국내에 정부 산하 기관에 있는 생태자원도나 멸종 위기 동물 조사 같은 높은 해상도 지도들에 관련된 자료들을 적극적으로 활용하는 것이 좋겠습니다. 그래서 기업들이 사업장에 위치한 지역의 생물 다양성을 평가할 때 이런 지도들을 활용하고, 생물다양성 공시 정보에 적극적으로 대응하는 데 활용할 필요가 있겠고요. 국가생물 다양성 정보공유 체계라는 홈페이지를 통해서 이 자연자본공시제도와 동향을 공유하고 있습니다.

2025년 이후에는 정부가 기업들에 이와 관련해서 시범 공시 보고서와 산업별 보고서도 발간을 지원할 계획에 있습니다. 이제 기업뿐만 아니고 지방 정부도 자연자본 공시에 대한 동향 파악도 중요하겠지만, 이와 관련해서 기업들이 공시보고서 작성하는 데 필요한 실무교육도 같이 병행했으면 하는 바람입니다.

친환경 사기 치다 100억 날린 기업들

1. 페트병 하나 재활용해 봤자 지구에 얼마나 도움이 되겠냐고 생각한 적 있으신가요? 그런데 만약 그 페트병이 100% 재활용 가능하다는 말을 믿고 샀는데, 알고 보니 그냥 속임수였다면요? 최근, 친환경을 가장해 소비자를 속인 기업들이 수백억 원씩 벌금을 내고 무너지고 있다고 합니다. 오늘은 '그린워싱(Green Washing)'에 대해 이야기 나눠 보겠습니다. 교수님 안녕하세요?

네, 오늘은 그린워싱을 막기 위해서 전 세계 나라들이 법안과 처벌을 도입하고 있는데요. 이 그린워싱 해당 기업의 사례와 벌금의 규모 그리고 한국의 그린워싱 관련 법안과 현황을 말씀드리겠습니다. 지난 시간에도 잠깐 말씀드렸었던 그린워싱(Green Washing)은 친환경을 뜻하는 그린(Green)과 세탁을 뜻하는 Washing이 합쳐진 말인데요. 기업이 제품이나 이미지를 마치 친환경적인 것처럼 홍보해서 소비자를 속이는 그런 행위입니다.

2. 환경에 대한 대중의 관심이 상당히 좀 늘고 있고 요즘 친환경 제품 선

호도가 높아지고 있는데, 이런 상황에서 실제로는 그렇지 않지만 마치 친환경인 것처럼 소비자들을 속이는 그야말로 무늬만 친환경인 이런 그린워싱 사례가 증가하고 있다. 이런 말씀이신 거죠.

네, 그렇습니다. 가장 최근에 이런 그린워싱 관련 법안과 처벌을 도입하고 있는 유럽연합(EU)이 그린워싱 행위를 막기 위해서 새로운 법률을 지난 2월 녹색 청구지침이라고 하는 Green Claim Directive(GCD)를 채택했는데요. 미국 증권거래위원회(SEC)도 ESG 펀드 관련해서 이 펀드명과 실제 투자 목록하고 일치하는지 그런 여부의 기준을 엄격하게 보고 있고요. 영국 금융감독청(Financial Services Authority, FSA)도 올해 5월부터 이 금융회사의 상품에 대해서 그린워싱을 단속하기로 했습니다. 그래서 다시 말씀드리면 '환경보호법'을 위반하거나 '지속가능성 법률'을 위반하는 기업에게는 수백만 달러 상당의 벌금을 물리겠다는 의도입니다.

3. 그렇군요. 사실 이렇게 그린워싱 기업들이 늘어나게 되면 친환경을 잘 실천하고 있는 기업들마저도 혹시나 하고 소비자들은 의심을 할 수도 있을 것 같고요. 여러 부작용들도 일으킬 수 있을 거 같은데, 어떤 기업들이 그린워싱 벌금을 많이 냈는지 그리고 그 이후에 대책들은 좀 어떻게 마련했는지 이 부분 궁금합니다. 교수님.

네, 그린워싱 규정을 다소 이해하는 데 도움을 줄 수 있는 내용 중에서 현재까지 확인된 가장 중요하고 큰 벌금 그리고 합의사항 중에 일부를 좀 말씀드리면요. 먼저 플라스틱 오염방지 스타트업인 클린허브(CleanHub)

기업이 그린워싱 벌금 중에서 가장 큰 금액을 받은 상위 9개 기업을 분석해서 공개했는데요. 지금까지 기록된 가장 눈길을 끈 그린워싱 처벌 중의 하나가 그 디젤 게이트(Diesel Gate)라는 한동안 논란이 일었었던 독일의 유명 자동차 제조업체인 폭스바겐(Volkswagen) 회사인데요. 차량 배출에 대해서 규제기관과 소비자를 속여서 전 세계적으로 가장 큰 벌금과 법적 비용을 지불해야 했습니다. 그러니까 온실가스 배출을 줄이는 소프트웨어를 자동차에 사용해서 데이터를 위조하면서 '청정대기법(Clean Air Act)'을 위반했다는 건데요.[10] 이 차량들이 미국 법에서 허용하는 것보다 약 40배나 많은 질소산화물 오염 물질을 배출한 것으로 알려졌습니다.

4. 정말로 심각하군요.

그래서 2017년과 2019년에 미국과 호주에서 벌금을 받고 2020년에 이 회사가 디젤 게이트로 인해서 총 346억 9천만 달러 손실이 발생했다고 밝혔습니다. 그 이후에 이 자동차 회사가 일부 벌금에 대해서 항소를 하기는 했는데 이런 일들이 다시는 발생하지 않도록 기업문화나 규정 준수 구조를 개혁하겠다고 공표를 한 바 있습니다. 그리고 이 회사 미국 CEO는 부정직하게 탄소 배출을 속였다는 걸 인정하고 소비자들에게 용서를 구

---

10) 청정대기법(Clean Air Act)은 영국 의회가 12,000명이 사망한 1952년 12월 5일부터 9일 사이 5일간 런던에서 발생한 사상 최악의 그레이트 스모그(Great Smog)에 대한 대책으로 1956년에 제정한 법률이다. 미국의 청정대기법은 대기 오염을 방지하고 대기 질을 개선하기 위한 미국 연방 법률로써 1955년에 처음 제정되었다. 이 법은 공공 건강과 복지를 보고하고, 대기 오염의 원인과 영향을 연구하며, 오염을 예방하고 통제하기 위한 기술적 및 재정적 지원을 제공한다(Wikipedia).

한 바가 있습니다.

5. 그렇군요. 이렇게 그린워싱으로 벌금을 많이 낸 기업은 소비자를 그만큼 오랫동안 많이 속인 기업이다. 이렇게도 얘기할 수 있을 것 같네요.

한편으로는 그렇게 생각할 수 있겠습니다.

6. 그리고 또 다른 기업으로는 어떤 기업이 있을까요?

일본의 대표 자동차 기업 토요타(Toyota)인데요. 2021년 배기가스 보고와 관련해 가지고 미국 청정대기법 위반 혐의로 1억 8천만 달러 정도 상당의 벌금을 지불하라는 명령을 받았습니다. 이 금액은 미국 캘리포니아 대기자원위원회(California Air Resources Board, CARB)에 배출 보고 요구 사항을 위반한 회사에 부과되는 사상 최대 규모의 벌금이라는 겁니다. 그래서 2005년부터 2015년까지 이 토요타사가 차량 배기관의 배기가스에 문제가 있다는 것을 보고하지 않았고 그래서 이와 관련해서 리콜 진행 상황을 대기자원위원회에 알리지 않았다는 이유인데요. 이후에 토요토사가 탄소 배출 보고를 엄격하게 하고 대응 기준을 굉장히 높인 바 있습니다.

7. 무려 10년 동안 이 배기가스 결함 관련해서 알리지 않았네요. 자동차 관련 기업들 말씀을 해 주셨고 다른 분야 또 기업이 있다면요?

하위 벌금 순위들로 말씀을 드리면, 투자 금융회사인 DWS 자산운용사의 경우에도 ESG 펀드를 실제보다 더 친환경적으로 마케팅 할 가능성이 있다는 이유로 2,500만 달러 벌금이 부과됐고요. 그리고 미국의 커피머신 만드는 큐리드(Keurig) 기업입니다. 일회용 커피포트가 재활용이 가능하지 않은데도 불구하고, 오해의 소지를 일으킬 수 있다는 주장을 했다는 이유로 약 1,220만 달러 벌금이 부과되었고요. 또 이탈리아 최대 석유 회사인 에니(Eni) 기업도 팜유 디젤이 친환경이라고 주장을 해서 그린워싱으로 560만 달러 정도의 벌금이 부과되었습니다.

그리고 미국 도소매 기업인 케이마트(K mart)와 월마트(Wal Mart). 이 두 회사도 역시 자기들이 만든 제품이 다른 재료로 만들어졌음에도 불구하고, 환경 친화적인 대나무로 만들어졌다고 주장을 하면서 그린워싱 사례로 합계 550만 달러 정도의 벌금이 부과되었습니다.

그리고 좀 더 말씀드리면, 미국 종합금융회사인 골드만삭스(Goldman Sachs) 역시 ESG 투자 정책을 따르지 않고 고객들에게 잘못된 정보를 제시했다는 이유로 벌금 400만 달러 정도의 벌금을 냈고요. 미국 뉴욕의 멜론(BNY Mellon) 은행도 ESG 정책을 제대로 이행하지 않고 또 펀드의 ESG 가치를 너무 과대평가해서 벌금 150만 달러를 부과 받았습니다.

그리고 마지막으로, 스웨덴 패션 체인인 H&M과 프랑스 스포츠 소매업 체인 데카트론(Decathlon)은 각각 의류 브랜드의 라벨에 근거 없는 주장을 했다는 이유로 지속가능성 표기를 지우게 하고 각각 벌금 43만 달러와 53만 달러의 벌금을 낸 경우들입니다.

8. 그린워싱 관련해서 이제 벌금을 낸 기업들 소개를 해 주셨습니다. 굉장

히 다양한 기업들 말씀을 해 주셨는데 세계 주요 나라들은 이 그린워싱 관련해서 어떻게 규제를 하고 있는지 이 부분도 좀 알 수 있을까요?

먼저 네덜란드 경우에 소비자가 제품의 지속가능성에 대해서 오인을 하게 될 경우에 최대 90만 유로(한화 약 12억 원)나 연 매출 1% 규모의 과징금이 부과되고요. 호주도 소비자가 오인하게 될 경우에 1,000만 달러(한화 약 133억 원) 또는 연 매출의 10% 정도 규모의 벌금이 부과가 됩니다. 프랑스도 역시 기업들의 제품 광고나 홍보가 그린워싱으로 판단되면 허위홍보 비용에 80% 이내에서 벌금을 부과하고 있고요. 그리고 영국도 그린워싱으로 소비자보호법 위반 시에는 기업 대표자에게 최대 2년 이하 징역에 처할 수 있는 강력한 규제들이 있습니다.

9. 그렇네요. 정말 각 나라들이 그린워싱 관련해서 좀 엄격하게 대응을 하고 있는 걸로 살펴지는데 그렇다면 우리나라는 어떻습니까?

한국도 마찬가지로 환경성 관련한 부당한 표시나 광고를 할 경우에 시정명령이나 과징금, 2년 이하 징역 또는 2천만 원 이하 벌금이 부과되는데요. 우리나라 최근 환경부 제출 자료에 따르면 연간 그린워싱 적발 건수가 2020년에 110건, 2021년에 272건, 2022년에 4,558건으로 크게 늘어나고 있는 상황인데요. 최근 3년간 이 그린워싱으로 적발된 건수가 약 5,000건 가까이 됩니다. 이 중에 99.8% 정도가 법적 강제력이나 불이익이 없는 행정지도 처분을 받았고요. 시정명령을 받은 경우는 9건 0.2%에 불과합니다.

시정명령을 받게 되면 즉시 표시 광고를 중지한다거나 그 명령을 받은 날로부터 1달 이내에 이행 결과서를 환경부에 제출해야 하는데요. 지금까지 과징금이나 벌금을 부과한 사례는 없다고 환경부가 설명하고 있습니다.

10. 앞서 소개해 주신 네덜란드나, 프랑스, 영국 등 다른 나라에 비해서 과징금이랄지 벌금 이런 부분이 상당히 약하다고 생각을 했었거든요. 그런데 우리나라의 경우에는 지금까지 그린워싱으로 인한 과징금이나 벌금을 부과한 사례도 단 1차례도 없군요. 세계적으로 이렇게 가짜 친환경, 무늬만 친환경인 그린워싱 관련해서 규제가 강화되고 있는데, 그린워싱 해결 방안에 대해서 어떻게 생각하시는지 교수님 마지막으로, 정리 말씀 부탁드립니다.

우리나라도 다른 나라들처럼 단계적으로 그린워싱과 관련해서 시정명령을 늘리고 제재 수위도 높여야 할 것이고요. 광고 홍보를 중단한다든지 또는 정정광고를 내보내서 시정명령을 받았다는 사실을 소비자에게 알려야 한다는 것이고요. 다시 말해서 기업들이 그린워싱 커밍아웃(coming out) 하라는 이야기고, 소비자들이 브랜드에 대해서 올바른 이해를 가질 수 있는 기회를 제시하라는 겁니다. 이처럼 의식 있는 소비자들이 증가하고 있다는 것은 사람들이 이제 더 이상 지구에 부정적인 영향을 미치는 기업들의 행동을 묵과하지 않겠다는 의미로 받아들여야 하고요. 따라서 이제 기업 리더들은 그린워싱 위험과 위험 요소들을 파악해서 이런 녹색 이미지 세탁을 종식시키는데 앞장서야 할 것입니다.

11. 이 그린워싱이라는 것이 어떻게 보면 소비자를 기만하는 행위라고 할 수 있는 거 아니겠습니까? 교수님.

네, 큰 범죄죠.

12. 네, 그렇죠. 기업들은 중단해야 할 것 같고, 소비자도 친환경을 판별하는 눈을 키우는 것도 필요할 것 같습니다. 오늘 말씀 고맙습니다. 그린워싱에 대해서 오늘 함께 이야기 나눠 봤습니다.

돈줄도 ESG로 흐른다: 투자판의 대변혁

1. 해외에서는 ESG 공시가 이미 의무화됐다던데, 이번에 우리나라 ESG 공시 기준 초안, 어떤 내용이 담겼나요?

지난주, 2024년 4월 30일에 정부 ESG 금융추진단이 제4차 회의를 개최하면서 국내 ESG 공시기준 공개 초안을 처음 공개했는데요. 이와 관련한 내용 자세히 말씀드리겠습니다.

2. 그럼 먼저 ESG 금융추진단이 어떤 회의체인지부터 알면 좋겠습니다.

네, 기업 그리고 투자자, 학계, 전문가, 유관기관들의 다양한 이해관계자들과 함께 ESG 공시 평가 그리고 투자 전반에 걸쳐서 다양한 정책 과제들을 체계적으로 추진하기 위해 2023년 2월에 구성된 ESG 회의체라고 볼 수 있습니다. 2023년 2월, 4월, 10월 이렇게 3차례 개최되었고요. 이번이 4차 회의입니다.

3. 이제 본격적으로 ESG 금융추진단과 관련해서 이야기를 나눠 볼 텐데

요. 먼저 좀 어려워서 이해가 아직은 안 가서 그러는데 ESG 경영과 금융과는 어떤 관계가 있는지 잠시 설명을 해 주실 수 있을까요?

ESG, 말 그대로 환경, 사회, 지배구조로 ESG 경영과 금융은 ESG 고려 사항이 재무 의사 결정, 위험 평가 및 투자 전략에 점점 더 많은 영향을 미치면서 깊이 상호 연결되어 있습니다. 첫째, 투자자와 자산 관리자는 ESG 기준을 사용해서 투자 결정을 내리고, 강력한 ESG 성과를 보이는 회사에 투자하고자 하는데요. 녹색 채권, 지속가능성 연계 대출, 임팩트 투자 등과 같은 ESG 기반의 투자는 이해관계자들이 지속가능하고 책임감 있는 비즈니스 관행을 우선시함으로 점점 더 인기를 얻고 있는 것이죠.

그리고 둘째로 ESG 요소는 기후변화, 규제변화, 사회적 불안, 거버넌스 실패 등과 같은 장기적인 위험을 평가하기 위해서 재부적 위험 평가 모델에 통합하는 것입니다. 예를 들어, 탄소가격 책정이나 자원 부족과 같은 기후 위험에 노출되는 환경적 위험이나 인력 다양성, 지역사회 관계 또는 노동권 문제 등과 같은 사회적 문제, 그리고 부패나 이사회 구성, 임원 보상 등의 거버넌스 위험이 초래되는 것을 평가하는 위험 관리 수단입니다.

셋째, 강력한 ESG 경영 기준을 갖춘 기업은 종종 자본 비용이 낮아서 금융 혜택을 받는데요. 투자자들이 이것을 위험이 낮다고 인식해서 더 유리한 금융 차입이 가능한 조건을 만드는 것입니다. 기업 운영에 아주 중요한 수단입니다.

넷째는 실증 연구들이 분석 결과를 내고 있는데요. ESG 관행이 견고한 기업의 경우 더 나은 위험관리, 혁신 및 고객 충성도 덕분에 장기적으로 재정적으로 경쟁사보다 우수한 성과를 거두는 것으로 나타났습니다. 예를 들어, ESG로의 통합이 에너지 절감이나 공급망을 간소화 하면서 이를 통해 운영 효율성을 높이고 비용을 절감한다는 것이죠.

그리고 다섯째로 글로벌 사회에서 정부와 규제 기관들이 ESG 지표, 예를 들어 EU의 TCFD나 SFDR 등의 제시하는 관련된 재무정보 공개를 점점 더 요구하고 있는 실정입니다.[11]

여섯째, 소비자와 기관 투자자들이 ESG 경영을 잘하고 있는 기업들에 대한 수요를 늘리고 있는데요. 이는 주가 성과와 시장 가치에 상당한 영향을 미치고 있죠. 예를 들어 MSCI ESG 리더 지수와 같은 평가들이 금융시장에서 지속가능한 기업들을 조사 및 평가하고 이에 대한 보상을 제공하는 것이죠.

일곱째, ESG 경영 방식은 재생에너지, 녹색 기술, 지속가능한 금융 등 산업 혁신을 촉진하는데요. ESG 문제에 중점을 두고 있는 기업의 경우 종종 새로운 시장 기회에 접근을 하게 되는데, 특히 글로벌 지속가능성 목표와 일치하는 분야에서 더욱 그렇습니다.

마지막으로 금융은 이해관계자 자본주의를 촉진하는데요. 기업 목표를 사회적, 환경적 목표에 맞춰 조정하는 도구로 인식하는 상황 속에서 점점 더 커져 가고 있습니다. 따라서 국내외 금융기관과 대출기관들이 신용 평

---

11) TCFD(Task Force on Climate-related Financial Disclosures)는 기업과 금융기관이 투자자, 주주, 이해관계자들에게 기후 관련 재무 위험에 관한 정보를 보다 더 제공하기 위해 사용할 수 있는 기후관련 정보 공개를 개발하기 위해 설립된 글로벌 조직이다. 또한 SFDR(Sustainable Financial Disclosure Regulation)은 EU 역내 금융기관에 투자나 상품 관련해서 지속가능성 정보 공시를 의무화하는 제도로써 직원이 500명 이상인 EU 역내 은행이나 연기금, 자산운용사, 보험사 등 금융회사들이 투자자산으로 가지고 있는 지속가능성 위험 요소와 이를 어떻게 관리하고 있는지 상세하게 공개하는 것이다.

가 및 투자 프레임워크에 ESG 지표를 통합하고 있고, 그 요구는 더욱 거세질 것입니다.

결국 중요한 것은 녹색 자금 대출과 지속가능성과 연계된 금융 상품이 커져 갈 것이고요. 투자자 포트폴리오 관리 전략에는 ESG 등급을 고려할 것입니다. 그리고 ESG 리스크를 평가해서 해당 기업의 보험료나 보장 범위를 조정할 수도 있습니다. 따라서 ESG 경영과 금융은 재무적 성과, 지속가능성, 이해관계자의 기대가 복합되어서 상승하는 효과를 나타내고 있습니다.

4. 이제 기업이 요즘에는 탄소중립의 목표를 달성하느냐, 못 하느냐 이것도 굉장히 중요한 관건이기 때문에 이와 관련해서 투자도 달라질 수 있다. 그래서 ESG 경영과 금융과는 연관이 있다. 이렇게 생각을 해도 되겠습니까?

네, 맞습니다. ESG 경영과 금융 즉, 투자는 밀접한 관계에 있습니다.

5. 자, 그러면 이번 4차 회의에서 논의된 내용은 뭘까요?

이번 ESG 금융추진단 4차 회의에서 국내 지속가능성 공시 기준 공개 초안 그러니까 ESG 공시기준 초안에 대한 주요 내용들의 논의가 이루어졌는데요. 특히 이번 회의에서는 글로벌 ESG 공시 동향과 함께 국내 ESG 공시 기준 제정 경과나 공개 초안들의 주요 내용과 향후 일정 등에 대해서 논의했습니다.

6. 그러면 이번 회의에서 논의한 내용 중에 주목할 만한 해외 동향들이 있다면 어떤 것이 있을까요?

EU에서는 우리보다 먼저 ESG 공시 의무화 일정을 제시했는데요. EU의 공시 의무화 속도가 가장 빠릅니다. EU 역내 기업들뿐만 아니라 글로벌 기업의 현지 법인 여기에 모 기업에 대해서도 공시 의무화가 부과될 예정인데요. 다시 말씀드리면, EU는 직원 수 500명 이상 대형 상장사의 ESG 공시를 2025년부터 의무화하는 것이고요. EU 내에 한국 기업 자회사를 포함한 비상장사는 26년부터 공시 의무화를 한다는 것입니다. 그리고 이제 미국의 경우는 다소 논란이 있기는 하지만 어쨌든 2024년 3월에 기후변화를 중심으로 ESG 공시 의무화 방안을 제시했습니다.

7. 유럽이 환경과 관련한 부분에 있어서는 굉장히 발 빠르다는 느낌들을 받게 되는 것 같습니다. 미국은 어떤 내용으로 공시 의무화 방안을 제시했는지 궁금하고 다른 나라의 상황들까지 좀 설명해 주시죠.

미국의 대표적인 ESG 공시 기준기관이 증권거래위원회인데요. SEC라는 기관에서 기후공시 의무화 규정 최종안이 지난 2024년 3월 6일 통과됐습니다. 이 SEC 기후공시규정은 기업들의 기후 리스크와 관련된 재무적 영향과 온실가스 배출량과 같은 기후변화 관련 정보 공시를 의무화하는 것이 골자입니다.

8. 이런 기업을 운영하면서 이제 관련해서 기후변화와 어떤 영향이 있는

지 이런 내용들을 꼭 알려야 되는 것들이군요.

네, 맞습니다. 그런데 다만 최종안에는 2022년 초안에 대비해서 스코프 3이라고 하는 온실가스 배출량, 즉 간접적 공급망 배출량, 총 외부배출량을 의미하는데요. 이것의 공시 의무화를 면제했고요. 기업 규모에 따라서 공시 유예기간을 부여했습니다.

그리고 일본, 싱가포르, 호주 등 여러 국가들은 지속가능한 성장을 위해서 ESG 공시 의무화 도입을 이미 했고 또는 준비 중에 있습니다.

나라	ESG 공시 현황
EU	2025년부터 대기업(500명 이상) 의무공시 시작
미국	2024년 기후공시 규정 통과(SEC), 단계적 시행 중
일본	상장기업 지속가능성 공시 의무화
싱가포르, 호주	ESG 공시 제도 도입

9. 글로벌 ESG 공시에 대응한 국내 ESG 공시 기준 제정 과정에 대해서 이 부분은 어떤지 좀 간략하게 설명 부탁드리겠습니다.

글로벌 주요 나라들의 ESG 공시 의무화 흐름에 대응해서 정부가 지난 2023년 2월에 ESG 금융추진단을 신설해서 ESG 생태계의 출발점이라고 할 수 있는 ESG 공시를 비롯한 다양한 과제들을 논의해서 추진 중에 있는데요. 정부 금융위원회는 회계기준원에 지속가능성기준위원회(KSSB)를 2022년 12월에 설립하고 국내 ESG 공시 기준 제정을 준비해 왔습니다. 기업이나 투자자와 같이 다양한 이해관계자로부터 광범위한 의견 수렴을 거쳐서 이번에 공개 초안을 마련한 것입니다.

10. 그럼 국내 지속가능성 공시 기준은 ESG 공시 초안에 기본 방향이 어떤지에 대해서 말씀 부탁드릴게요.

네, 먼저 회의에서 나온 내용을 살펴보면, 주요나라들과 국제기구의 기준을 참고해서 글로벌 정합성을 충분히 반영했다는 것이고요. 우리 기업들의 이중 공시 부담을 최소화하기 위해서 국제 지속가능위원회(ISSB) 기준과 같이 미국이나 EU 등의 공시기준과 상호 운용 가능한 글로벌 기준을 참고해서 만들었다는 것입니다.

11. 어떤 내용의 글로벌 기준이었습니까?

네, 국제적으로 공감대가 형성되어 있는 앞서 말씀드린 미국 SEC 기후 공시규정처럼 기후 분야 공시 의무화를 우선 추진하기로 했고요. 기후 이외에 ESG와 관련된 다른 요소에 대해서는 기업들이 자율적으로 정보를 공시할 수 있도록 하는 기준안을 제시했습니다.

12. 그리고 다음으로, 초안에는 어떤 내용의 방향성이 있었습니까?

네, 그리고 투자자들의 요구사항을 적극적으로 고려해서 신뢰성과 비교 가능성이 높은 양질의 정보가 제공되도록 공시 기준을 제정했고요. 좀 더 구체적으로 말씀드리면, 기후 관련 위험과 기회에 대한 정보가 단순히 공시지표를 나열하는 것이 아니라 기업의 지배구조나 전략 그리고 리스크 관리와 같은 핵심 요소들을 체계적으로 제공되도록 해서 기업들이 실질적인 경영 변화를 유인하도록 하는 것이 초안에 담겨 있습니다.

13. 네, 지표뿐만이 아니라 그야말로 이제 실질적인 행동 변화를 유인하는 방향이다. 향후에 기업은 ESG 경영이 선택이 아니죠. 필수라고 생각할 수 있을 텐데 그 다음으로는 혹시 또 어떤 내용들이 있었을까요?

네, 기업의 ESG 경영을 위해서 기업의 수용 가능성을 감안하여 ESG 공시기준 적용이 기업에게 과도한 부담이 되지 않도록 기준을 제정했는데요. 국내 기업들의 공시 역량과 준비 상황을 감안해서 상세하게 예시를 통해서 지침을 제공하고 재무적 영향뿐만 아니라 측정이 불확실한 그런 양적 정보 대신에 질적 정보도 이 공시에 허용하는 탄력성을 부과하는 내용도 제시됐습니다.

14. 예를 들어서 설명해 주실 수 있을까요?

특히 온실가스 측정의 어려움을 감안해서 국제기준뿐만 아니라 국내 기준으로 측정한 배출량 공시도 허용했다는 것이고요. 그리고 저출산·고령화 같은 우리 사회·경제가 현재 직면하고 있는 위험 요인에 대해서 정부와 기업이 함께 대비할 수 있도록 이번 공시기준에 관련 내용들을 반영했습니다.

15. 국내 ESG 공시 기준이 우리 경제와 기업의 경쟁력을 높이고 또 지속가능한 성장의 기반을 다지는 데 기여하지 않을까? 이렇게 예상이 됩니다. 그래서 아마 이번 공개 초안이 의견 수렴을 거쳐서 기준을 마련한 것일 텐데 이번 초안 공개를 어떻게 전망하시는지 말씀 좀 부탁드리겠습니다.

향후에 이번 국내 ESG 공시기준 제정으로 인해서 글로벌 ESG 규제 강화에 대한 우리 기업들의 대응력을 높일 것이고요. 궁극적으로 탄소중립 사회로 이행하는 글로벌 경제 환경이 급변하는 상황에서 우리 경제에 새로운 성장 패러다임을 제시하는 그런 계기가 될 것으로 기대합니다. 이번 초안을 바탕으로 4개월간 의견수렴을 거쳐서 9월에 최종안을 발표할 계획에 있는데요.

하지만 아쉬운 부분은 이번 초안의 구체적인 도입 시기나 의무화 대상 그리고 공시 형식 등 이런 것을 정하지 않은 상태에서 이런 기준만 발표해서 오히려 국내 기업들의 혼란을 가중시킬 수 있습니다. 이런 중요한 공시 도입 시점과 앞서 말씀드린 스코프 3 의무화 같은 주요 의사결정이 지연돼서 기업과 투자자들의 혼란이 여전히 계속될 수밖에 없고요. 국가 차원의 기후 대응 역시 지연될 수밖에 밖에 없는 상황입니다.

따라서 이번 정부의 ESG 공시 기준 초안을 기업들의 공시 부담을 최소화한다는 점에 방점을 찍는다면 오히려 이런 배려가 독이 될 수도 있겠습니다.

16. 네, 기업과 ESG 경영은 이제 떼려야 뗄 수 없는 환경인 것 같은데, 잘 지켜 나갈 수 있는 제도나 환경이 만들어졌으면 좋겠습니다. 오늘 말씀 잘 들었습니다. 고맙습니다.

글로벌 큰손들이 움직이다: ESG에 돈이 몰린다

1. 투자의 기준이 달라지고 있다? 최근 글로벌 큰손, 즉 연기금과 기관투자자들이 ESG 투자에 속속 뛰어들고 있다고요? 이 변화는 우연일까요? 아니면 미래의 흐름일까요?

지난 시간에 세계적인 투자자들이 ESG 관점에서 투자 결정을 하고 있고, 글로벌 연기금들이 ESG 요소를 투자 의사 결정에 적용한다고 말씀드렸는데요. 오늘은 글로벌 연기금과 국내 대표적 연기금들의 ESG 투자 현황에 대해서 말씀드리겠습니다. 글로벌 연기금들의 ESG 투자가 최근 몇 년 사이에 크게 증가하고 있는데요. 글로벌 지속가능 투자연합(GSIA)에 의하면 2018년에 ESG 투자 규모가 약 30.7조 달러였고요. 2016년에 비해서 약 34% 증가한 것으로 나타났습니다.

그 이유는 단기적 수익보다는 기금 운용의 지속가능하고 장기적 성과를 중요하게 생각하는 대형 연기금들과 기관 투자자들을 중심으로 확대되고 있기 때문입니다. 그래서 글로벌 ESG 투자 자산 규모가 빠르게 증가하고 있는 상황입니다. 이렇게 주요 나라들의 큰 손들, 연기금이나 기관 투자자들이 주주 제안과 의결권 행사 같은 이런 주주관여(engagement)

를 통해서 적극적으로 글로벌 기업들의 ESG 경영을 독려하고 있는 실정입니다.

2. 글로벌 연기금이나 기관 투자자들이 이렇게 ESG에 투자를 하는 이유가 무엇인지 좀 알 필요가 있을 것 같은데요.

먼저 ESG 경영의 큰 장점으로 기업이 환경과 사회문제에 대해서 책임감을 나타냄으로써 고객들에게 긍정적인 평가를 받을 수 있다는 것인데요. 기업의 긍정적 이미지를 구축할 수 있다는 것이죠. 반면에 기업의 이미지를 그럴싸하게 꾸미는 그린 워싱(Green Washing)이라는 부정적 이미지도 만들어 낼 수도 있는 것이고요.

둘째는 ESG 경영이 기업의 장기적인 성장과 안전성을 보장하는 방법으로 인식된다는 점에서 지속가능한 성장이 가능하다는 것이고요.

마지막으로, 투자 유치력을 강화할 수 있다는 것인데요. 이 사회적 책임에 대해서 깊은 관심을 가지고 있다는 것이 투자자들에게 긍정적인 평가와 함께 자금 유입을 받는 데 큰 도움이 되기 때문입니다.

3. 그렇군요. 그런데 이제 ESG 투자에 관한 문제점도 발생할 수 있다면서요.

네, 물론 있고요. 그 ESG 투자가 환경과 사회적 문제에 대응하기 위해서는 이런 추가 비용들이 발생할 수 있겠고요. ESG 요소들 중에서 주관적인 평가 요소들이 있어서 정량화하기 어렵다는 한계가 있습니다. 그리고

ESG 투자의 재무적 성과라든지, ESG 평가 체계의 일관성이라든지 그리고 ESG 관련 정보에 대한 공시 체계의 적절성 같은 이런 문제점들이 계속해서 지적되고 있고요. 그래서 ESG 투자를 추진할 때는 이런 문제들을 고려해서 적극적으로 대처할 필요가 있겠습니다.

4. 그렇군요. 우리나라 정부는 ESG 투자를 활성화하기 위해서 여러 가지 정책들을 추진하고 있다고 하는데 어떤 것들이 있습니까?

21대 국회 임기가 얼마 남지 않았죠? 지난 21년 8월 4일에 발의된 ESG 4법 중에서 국가재정법에 기금자산운용 지침에 ESG 요소를 포함할 것을 의무화한다거나 국민연금법의 경우에 투자대상에 대한 ESG 요소를 고려할 것을 의무화한다는 개정안을 발의했었죠. 이렇게 공공기관들의 ESG 공시 항목을 확대하고 공공조달에 있어서도 사회적 책임 기업들의 참여를 확대하고 있고요. 특히 연기금의 ESG 투자도 활성화되고 있습니다. 공공기관이나 연기금과 같은 공공부분의 ESG 경영투자로 민간의 ESG 투자를 자발적으로 확산해 나간다는 방침입니다.

5. 국내 연기금의 ESG 현황은 좀 어떻습니까?

네, 우리나라 큰손들이죠. 국민연금 포함해서 국내 4대 연기금이죠. 사학연금, 공무원연금, 우정사업본부 모두 ESG 투자를 확대하고 있고요. 예를 들어서 국민연금의 경우에는 ESG 투자 확대로 국내 주식과 채권 그리고 해외주식과 채권들에 ESG 투자 전력을 적용하고 있는데요. 그 규모로는 2022년 말 기준으로 384조 원인데요. 공적 부문에서 ESG 금융의 절반 이상을 차지하고 있습니다.

이렇게 국민연금이 ESG 투자를 위해서 기업들하고 소통하고 주주 활동을 병행하고 있으면서 ESG 평가체제를 마련해서 매년 2회 정도 ESG 평가를 실시하고 있는 상황입니다.

6. 국민연금 외에도 ESG 투자를 추진하는 곳도 있나요?

사학연금도 마찬가지로 ESG 요소를 고려한 책임투자 정책을 실시하고 있고요. 책임투자 관련한 투자 현황을 보면 2022년 말 4,791억 원으로 2019년 1,163억 원에 비해서 약 4배가량 증가했습니다.

7. 금융투자업계에 따르면 공무원연금이 2023년 7월부터 ESG 투자 대상을 국내주식 전체로 확대하고 있다고 하던데요?

네, 공무원 연금도 ESG 투자를 확대하면서 2023년 7월부터 ESG 투자 대상을 국내주식 전체로 확대 적용하고 있습니다. 기존에 공무원연금이 직접 투자하는 주식만 ESG를 적용하고 있었는데요. 작년 7월부터는 위탁 운용을 맡기는 주식까지도 ESG를 100%로 적용하기로 한 것이죠. 상장지수펀드(ETF, 펀드지만 상장된 주식처럼 언제든지 매매가 가능한 상장 펀드, 증권사나 은행에서 가입한 펀드를 거래소에서 쉽게 거래)까지도 ESG 평가를 실시해서 재무적 요소와 비재무적 요소인 ESG 요소를 종합적으로 보면서 투자하고 있습니다.

8. 우정사업본부의 ESG 투자 현황은 어떤지도 궁금합니다.

우정사업본부는 143조원 규모의 자산을 운용하는 연기금으로 ESG 투자를 본격화하고 있습니다. 우체국금융 ESG 투자 활성화 방안을 논의하고 있고요, 2021년 ESG 투자 연구용역 계약을 맺어서 투자 전략을 마련했습니다. 21년 기준으로 우정사업본부 운용 자산에서 ESG 투자 비중은 2.8% 수준이며, 앞으로 두 자릿수 이상 늘리는 것이 목푭니다. 그리고 우체국은 ESG 연계 상품 제공과 사회적 책임투자도 강화할 것이라고 밝혔습니다.

9. 네, 국민연금 외에도 사학연금, 공무원연금, 우정사업본부도 추진하고 있다는 말씀까지도 해 주셨는데 마지막으로, 향후 ESG 투자의 지속 가능성과 전망 어떻게 보고 계십니까?

네, 정리하자면, 모든 투자 운용사들이 향후 투자의사결정을 하는 데 있어 ESG 이슈를 고려해서 투자할 것이고, ESG 등급이 높은 기업이나 향후에 ESG 등급의 개선 가능성이 큰 기업을 중심으로 포트폴리오를 구성할 것으로 예상됩니다. 그리고 ESG에 부합하지 않는 종목들을 빼는 예컨대 ESG 필터를 적용해서 상품을 만들어 낼 것이고요. 국내 연기금들의 사회 책임투자가 강화되면서 향후에 ESG 투자의 중요성이 더욱 커질 것으로 예상이 됩니다.
하지만 ESG 투자 성과에 대해서 지속적인 검증이나 관련한 증거들을 축적해서 데이터화하고 ESG 평가 체계를 표준화한다던지 정보공시제도를 개선하는 노력들이 필요하겠습니다.

이제 ESG 성적표 없으면 주식도 못 판다

1. 오늘은 국제 ESG 공시 의무화와 우리나라 ESG 로드맵에 대해 이야기 나눠 볼 텐데요. 먼저, ESG 경영이란 무엇인지 다시 한번 짚어 볼까요?

요즘 소비자들이 관심 있게 지켜보는 것 중에 하나가 기업들의 ESG 경영이죠. ESG는 환경(Environment), 사회(Social), 지배구조(Governance)를 조합한 영문 단어인데요. 기업의 비재무적인 요소를 의미합니다. 다시 말하면 기업이 만든 제품의 질과 가격 이외에도 이제는 기업이 어떤 마인드를 가지고 환경보호에 앞장서고 사회적 약자에 대해서 얼마나 어떻게 지원하면서 사회 공헌 활동을 하고 법과 윤리를 철저하게 지키고 경영활동을 하는지 이것이 ESG 경영이라고 합니다.

2. 그래서 요즘 이제 소비자들 가운데에는 이런 ESG를 잘 실천하고 있는 기업들을 서로 공유하기도 하고 그래서 이런 기업들이 만든 제품들을 일부러 찾아서 소비하기도 하고 그렇더라고요. 그러면 ESG 기준을 준수하지 않아서 어떤 제재가 있었는지 조금 예를 들어서 설명해 주시면 좋을 것 같은데요, 우리가 이제 그동안 접할 수 있었던 ESG 리스크 사례는 어떤

것들이 있었나요?

우선 환경 리스크 사례에서 우리나라 최대 전력회사죠. 해외에서 석탄 발전소 건설 사업을 진행 중에 있는데요. 세계 최대 글로벌 투자회사인 블랙록(BlackRock)이라는 회사에서 석탄사업에 계속 투자하는 근거를 밝혀 달라고 요구했고요. 석탄산업의 비중이 총매출의 25%를 넘는 기업에 대해서는 투자금을 회수하겠다고 선언을 했었죠. 실제 유럽 국가의 한 연기금에서는 이 회사가 탄소배출 감축을 위한 노력에 소홀하다고 생각해서 투자금 800억 원을 전량회수 한 바가 있습니다.

또 사회적 리스크 사례에서는 우리나라 최대 전자 상거래를 하는 배송 물류기업인 쿠팡과 최근에 제빵업계의 선두 주자인 SPC 사건의 경우, 직장 내에 노동자 안전에 대해서 심각한 사회적 문제를 드러냈었죠. 이제는 글로벌 기업들이 미취학 아동들을 고용해서 노동력을 착취하거나 직장 내에 노동자들의 안전을 보장하지 않으면 투자자나 소비자 그리고 신용평가기관 그리고 정부규제가 강화되면서 다양한 이해관계자들에게 외면 받는 것이 현실이 되었습니다.

그리고 지배구조 리스크의 경우는 우리나라 대표 항공사인 KAL 기업의 땅콩사건이나 남양 기업의 제품에 유산균이 코로나 억제 효과가 있다고 허위 발표한 경우가 있었죠. 그래서 소비자들이 불매운동을 하면서 이 기업들의 오너 리스크가 발생됐는데요. 이것을 불식시키기 위해서 이 기업들이 즉시 ESG 경영위원회를 구성해서 지속가능한 경영을 하겠다고 선언을 했었습니다.

3. 그러면 이제 ESG 경영이란 것이 기업에게 어떤 선택이 아니라 기업이 계속해서 생존하고 더 성장하기 위한 그런 핵심적인 요소가 됐다라고 그렇게 봐야겠네요.

네, 맞습니다. 기존에 기업들은 CSR이라고 하는 기업의 사회적 책임 경영 방식으로 기업들의 가치를 높이기 위해서 자선활동이나, 기부나, 환경보호 활동과 같은 필요나 선택에 따라서 이뤄졌다면, 최근에는 ESG라고 하는 비재무적인 경영 활동이 기업의 가치를 평가하는 새로운 지표로 등장하게 된 거죠. 그래서 국내 10대 그룹들과 계열사들이 ESG 위원회를 설치하고 ESG 경영 활동을 하는 것이죠. 이렇게 ESG 경영이 전 세계적인 트렌드가 되면서 기업들이 선택이 아닌 생존과 성장의 핵심요소로 중요하게 자리 잡게 된 경영 방식이라고 할 수 있겠습니다.

4. 그런데 최근 국제지속가능위원회(ISSB) 이곳에서 글로벌 최초로 ESG 공시 기준을 발표하고 의무화했다고 하는데 어떤 의미가 있는 건가요?

지난 2023년 6월 26일이죠. ISSB라고 하는 국제지속가능위원회에서 글로벌 최초로 ESG 공시 기준안을 제시하면서 우리나라 정부도 이 기준안을 수용하겠다는 뜻을 밝혔고요. 이제는 글로벌 사회가 이 ISSB가 제시한 공시 기준을 토대로 우리가 나아가야 할 방향을 확고히 했다고 볼 수 있습니다. 그래서 각 나라들이 법제화하고 기업들이 준비만 하면 되는 그런 상황입니다.

이제는 ESG 공시 의무화를 기점으로(2024-2025년) ESG 2.0 시대가 열렸다고 볼 수 있는데요. 이렇게 비유하면 쉬울 것 같습니다. 현재 대학을 가기 위해서 수학 1등급만 받으면 원하는 대학에 수시입학 할 수 있었는데, 이제는 체육과 도덕을 포함한 모든 과목들이 포함된 정시에서 2등급 이상 얻어야지 합격할 수 있는 그런 가능성이 높은 시대가 왔다라고 할 수 있습니다.

5. 그러면 이제 이 ESG 정보 같은 경우에는 투자자 관점에서 본다면 기업 가치를 좀 평가할 수 있는 그런 기준이 된다. 이렇게 볼 수도 있겠네요.

네, 그렇습니다. ESG 경영정보는 투자자들이 기업에 가치를 평가하는데 있어서 재무제표 결과 값으로 투자 의사결정을 해 왔었는데요. 그 예측 가능성이 최근 몇 년간 눈에 띄게 낮아졌습니다. 그 이유로는 기업들의 지속가능성과 관련해서 ESG 정보가 경영 활동에 미치는 영향이 높아졌기 때문이라고 해석할 수 있는데요. 이런 배경에는 금융기관이나 투자자들이 지난 10여 년 동안 기업들에게 지속가능성 정보를 계속 요구했고요, 드디어 올해 글로벌 ESG 공시 기준이 확정된 것이죠.

이미 대부분 상장 기업들이 홈페이지를 통해서 지속가능경영정보를 공개하고 있지만 일정한 기준이나 표준화된 지표를 가지고 작성된 것이 아니다 보니까 비교가능성도 저조하고 노력에 비해서 활용가치가 매우 떨어졌었죠.

그래서 이런 문제들을 해결하기 위해서 글로벌 사회에서 논의 끝에 비교가능성이 보장된 글로벌 ESG 공시 기준이 만들어진 것입니다.

6. 그렇군요. 우리나라도 지금 공시 기준을 좀 구체화하겠다. 이런 과정들을 논의하고 있다고 하던데요. 이에 따라 공시기준을 구체화하고 도입 시기를 논의하고 있다고요?

좀 전에 말씀드렸듯이. 우리나라 정부도 수용하고 공시기준을 구체화해서 도입 시기를 논의하고 있는데요. 최근에 정부 금융위원회에서 ESG 공시 도입 시기를 2026년 이후로 연기한다고 발표했었죠. 당초에는 2025년부터 자산 2조 원 이상 되는 코스피 상장기업들에게 지속가능경영보고서 공시의무를 부과하기로 했는데 현실적인 문제들이 많아서 1년 이상 미루기로 했습니다.

그리고 미국이나 주요 나라들이 ESG 공시 의무화를 늦춘 이유도 있고요. ISSB가 지난 6월 달에 확정된 것도 시기적으로 준비가 부족하다고 생각한 것이죠.

물론 국내 기업들이 지속적으로 ESG 공시에 따른 부담과 어려움을 호소하면서 의무화를 조기에 시행하는 문제점들을 지적해 왔습니다. ESG 공시 의무화 시기를 기업들의 현실에 맞게 재조정해 달라는 의견을 금융위에 전달하고 정부는 이것을 수용한 것이죠.

7. 그런데 이제 우리나라 ESG 공시 의무화가 연기되고 가이드라인이 부족하고 이런 부분들이 수출 기업들에게는 혼란스럽다거나 이런 부분은 없을까요?

네, 맞습니다. 우리 정부가 ESG 가이드라인을 글로벌 지표에 맞게 신뢰성이나 비교가능성이나 검증 가능성을 최대한 확보하고 전면적으로 재검토해서 내년 상반기에는 최대한 빠르게 가이드라인을 제시해 줘야 기업들이 충분히 준비 기간을 확보할 수 있을 것입니다.

이렇게 가이드라인 결정의 혼란의 시간이 길어지면 국내 경제가 위태로워질 수 있는 것이죠. 최악의 상황의 경우 ESG 공시가 시작되면 좋은 기술을 가졌다고 해도 준비가 부족해서 수출 공급망에서 배제되는 그런 중소중견 기업들이 나올 수도 있는 것이죠.

그래서 수출에 의존하고 있는 우리 대한민국의 위기가 여기서 시작될 수도 있는데요. 이런 글로벌 ESG 공시 의무화에 따라서 정부 정책이나/대기업의 역할들이 더욱 중요해진 시기가 되었습니다.

※ 2024년 글로벌 ESG 공시 의무화 동향
- 2023. 6. 국제회계기준(IFRS)의 지속가능성 공시 기준 확정
- 유럽연합(EU) 기업지속가능성보고지침(CSRD)에 따르면, 유럽 각국은 2024년부터 ESG 공시를 법제화해서 늦어도 2025년부터 기업 규모에 따라 순차적으로 공시 추진 예정

국가	법안	주요 내용
미국	ESG 무효화 법안 거부	2023. 3. 미국 공화당 중심의 노동부 규칙 개정의 무효화 내용 법안을 통과시켰지만, 미국 바이든 대통령이 거부권 행사
	• 미국 캘리포니아 기후 관련 기업 데이터 투명성법(Senate Bill 253)과 기후 관련 재무적 리스크 법(Senate Bill 261) 입법	매출 1조 달러 이상 기업을 대상으로 Scope 1(직접배출), Scope 2(에너지 소비로 인한 간접배출), Scope 3(조직의 전체 가치 사슬에서 발생하는 간접배출)을 2025년부터 공시 의무화

	• 미국 증권거래위원회 (SEC) 기후 관련 공시 강화 및 표준화 규칙 제정	• 2022. 3. 기후 공시 강화, 상장 대기업의 온실가스 직접 배출량과 간접 배출량에 관한 2023년 정보를 2024년에 공시할 것을 밝힘 • 순차적으로 상장기업 온실가스 배출량 정보 및 기후 관련 리스크에 관한 이사회와 경영진의 역할 및 책임, 기후변화에 따른 위험 등을 사업보고서에 공시 계획 • 2024. 3. 기후공시 의무화 규정 최종안 통과
	청정경쟁법 (Clean Competition Act, CCA)	• 2025년부터 시행. 철강, 석유화학, 시멘트, 비료, 알루미늄, 유리 등 12개 제품으로 에너지 집약 산업에 탄소세를 부과하는 제도, 톤(t)당 55달러 탄소세 부과 예정으로 매년 물가 상승률에 따라 2030년까지 톤(t)당 90달러로 인상 • 2022. 6. 미국 상원에서 첫 발의, 미국의 산업보다 탄소 배출량이 많은 국가에서 생산된 제품에 탄소세 부과 • 2027년부터 무게 500lbs(약 227kg) 이상의 제품으로 과세 대상을 확대, 2029년부터 100lbs(약 45kg) 이상의 제품에도 탄소세를 적용 예정
EU	탄소국경조정제도 (CBAM)	• 2023. 5. 기업 제품의 전 주기에 걸쳐 탄소 배출량을 확인해서 보고하는 CBAM 발효 • 2023. 10. 전환기간을 거쳐 2026. 1. 확정 기간이 시작되어 CBAM 신고서 제출과 연 1회 이상 현장 검증 및 검증 보고서 제출이 의무화
	산림전용방지규정 (EUDR)	• 2023. 6. 발효. 코코아, 커피, 팜유, 고무, 대두, 목재 및 관련 파생 상품을 제조하는 운영자는 해당 제품이 산림 전용 방지 규정을 준수했음을 실사했다는 선언서 제공 • 2024 말, 산림 전용 방지 규정 의무 적용 대상인 공급망 참여 주체(운영자 및 거래자)와 국가별 위험 수준이 세부적으로 결정될 예정

한국	ESG 공시 의무화	• 2021년 금융위원회의 ESG 공시 의무화 계획 발표 • 2023. 10. 금융위원회 ESG 공시 도입 시기를 2026년 이후로 연기

• 미국 바이든 대통령, ESG 무효화 법안 거부권 행사

2023년 1월, 미국 텍사스 등 25개 주에서 퇴직연금의 투자의사 결정시 ESG를 고려할 것을 요구하는 노동부 규칙 개정안에 대해서 미국 공화당 주에서는 연방법 위반을 주장하며 행정소송을 제기했다. 그러나 텍사스주 지방법원은 노동부 규칙 개정안이 재무적 요소를 우선적으로 고려하고 있으므로 법률 위반이 아니라고 판결했다. 그리고 2023년 3월 미국 공화당 중심의 의원들이 노동부 규칙 개정의 무효화 내용을 담은 법안을 통과시켰지만, 미국 바이든 대통령이 ESG 무효화 법안에 대해 거부권을 행사했다.

• 미국증권거래위원회(SEC), 2024. 3. 기후공시 의무화 규정 최종안 통과

SEC 기후공시규정은 기업들의 기후 리스크와 관련된 재무적 영향 및 온실가스 배출량 등 기후변화 관련 정보 공시를 의무화하는 것이 주요 골자다. 현재 우리나라 10개 기업이 뉴욕증권거래소에 상장되어 있다. 이들 기업은 SEC 기후공시규정에 따른 공시의무를 부담하게 된다. 아울러 Scope 3(공급망 전체 배출량) 공시는 제외되었지만, 자발적 공시가 가능하므로 미국 상장사 공급망에 포함되어 있는 우리나라 기업들도 간접적으로 영향을 받을 가능성이 크다.

〈뉴욕증시에 상장된 우리나라 기업들(상장일 순)〉

1. 포스코홀딩스
2. 한국전력공사
3. SK 텔레콤
4. KT
5. KB 금융지주
6. 신한금융지주
7. 우리금융지주
8. LG 디스플레이
9. 그라비티
10. 쿠팡

기업명(한글)	미국증시 상장명	현재주가 (USD)	거래소
포스코홀딩스	PKX	50.81	NYSE
한국전력공사	KEP	7.67	NYSE
SK 텔레콤	SKM	21.34	NYSE
KT	KT	17.78	NYSE
KB 금융지주	KB	53.14	NYSE
신한금융지주	SHG	31.04	NYSE
우리금융지주	WF	32.62	NYSE
LG 디스플레이	LPL	3.21	NYSE
그라비티	GRVY	54.20	NASDAQ
쿠팡	CPNG	21.98	NYSE

참고: 주가 정보는 2025년 3월 12일 기준이며, 시장 상황에 따라 변동될 수 있음. 이 중 '그라비티(GRVY)'는 나스닥에 상장되어 있고, 나머지 기업들은 뉴욕 증권거래소(NYSE)에 상장되어 있음.

• 한국, ESG 공시 의무화 2026년 이후

2023. 10월 정부는 주요 나라들의 ESG 공시 일정 및 충분한 준비 기간 부여를 위해 ESG 공시 도입 시기를 2026년 이후로 연기할 것을 ESG 금융 추진단 3차 회의에서 제시하였다. 글로벌 규제를 참고하여 정합성을 높이기 위한 대응이라는 입장이다. 그러나 2024년을 기점으로 글로벌 ESG 공시 제도가 본격화될 전망으로 우리나라의 적극적인 대응이 필요하다.

특히 미국의 청정경쟁법(CCA)이 2025년 발효되면 한국 철강산업의 경우 철강 1톤(t)당 약2톤(t)의 CO_2가 배출되어 미국 및 중국 등 주요 나라들에 비해 상대적으로 더 높은 탄소세사 부과될 가능성이 매우 크다. 또한 석유화학, 시멘트, 알루미늄, 유리 등 해외 수출 품목에서도 광범위한 경제적 파급효과가 크게 미칠 것으로 예상된다.

따라서 우리나라 기업들은 탄소 배출을 줄이기 위한 녹색 기술 전환을 검토하고 정부 또한 재생에너지 및 친환경 기술에 대한 R&D 개발을 통해 탄소 배출량 감축을 위한 기반을 마련해야 한다.

Ⅳ

시민과 청취자의 힘
- 작은 목소리가 세상을 바꾼다

: 시민·청취자의 실천과 기후행동

장바구니 할인받고 지구도 지킨다

1. 오늘 이 시간은 탄소 중립 포인트 관련해서 이야기를 나눠 보겠다고 제가 살짝 예고를 해 드렸는데요. 탄소중립 포인트가 탄소 중립을 실천하면 현금처럼 이렇게 포인트를 받을 수 있는 그런 제도인가요?

네, 맞습니다. 탄소중립을 실천하면서 현금처럼 사용할 수 있는 포인트 제도를 잘 모르시는 분들이 많으실 텐데요. 탄소중립을 실천하면 환경도 지키고 포인트까지 받는 '탄소중립포인트 ESG 생활 실천'입니다.

우리 국민 누구나 일상생활 속에서 친환경 활동들을 실천하면서 포인트로 되돌려 받는 제도가 있습니다. 특히 기후위기 시대에 탄소중립으로 지속가능한 녹색성장에 대한 시민의식을 높이고 온실가스를 감축하면서 참여를 확대하기 위해서 운영 중에 있습니다.

2. 말씀해 주신 탄소중립 포인트 제도가 어떤 제도인지 조금 더 구체적으로 설명을 좀 해 주세요.

우리 생활 속에서 온실가스 배출을 줄이고 일상생활의 다양한 측면에서 친환경 실천을 장려하기 위한 제도인데요. 이 시스템은 탄소중립 에너지, 녹색생활실천 그리고 탄소중립 포인트 차량 운행 등 이렇게 3가지가 핵심 구성요소이고요. 이 구성요소들은 우리 개개인들이 에너지를 보존하고, 친환경 소비와 차량 사용을 감소하면서 탄소 배출량을 크게 줄이도록 소비자의 라이프 스타일을 장려하도록 설계되어 있습니다. 참가자에게는 현금이나 상품권 그리고 그린카드 포인트와 같은 인센티브로 교환할 수 있는 탄소중립 포인트가 지급돼서 프로그램 참여 혜택을 누림과 동시에 우리사회의 지속가능성을 높이는 데 기여하고 있습니다.

3. 제가 좀 검색을 해 봤어요. 탄소 중립 포인트로 포털 사이트에 검색을 해 봤더니, 실제로 관련해서 후기들이 상당히 많더라고요. 차량 운행을 작년에 비해서 어느 정도 좀 줄였더니, 마일리지가 적립이 됐다. 얼마가 입금이 됐다. 이런 후기 글들이 상당히 많이 있던데요. 현실적인 예를 들어서 좀 설명을 해 주실까요?

네, 이 프로그램은 포털 사이트에서 '탄소중립 포인트 에너지'를 검색하셔서 홈페이지를 통해서 접속이 가능한데요. 쉽게 참여할 수 있고 인센티브를 어떻게 받을 수 있는지에 대한 정보를 확인할 수 있습니다. 그리고 에너지 절약, 녹색생활 실천 그리고 친환경 운전 습관 등과 같은 환경적인 이점과 실천방안들을 제시해서 우리들이 환경을 보전하고 지속가능한 삶에 기여할 수 있도록 지원하고 있고요. 유수의 기관들이 녹색전환, 플라스틱 재활용, 수소 에너지 개발, 바이오 연료 프로젝트와 같은 활동들을 통해서 탄소 저감 활동, 궁극적으로는 탄소중립과 환경의 지속가능성에 대해서 적극적으로 참여하고 있습니다.

4. 실천할 수 있는 항목들이 다양한 것 같더라고요. 예를 들어서 전자영수증 발급받으면 이것도 포인트로 적립이 되고 그렇던데 이런 부분 좀 실천 사례를 들어서 설명을 해 주시면, 좋을 것 같은데요.

네. 먼저, 에너지 절약 차원에서 에너지 효율이 높은 가전제품을 사용하거나, LED 조명을 사용하고, 사용하지 않을 때는 전자제품을 꺼 두는 그런 에너지 소비를 절감하는 실천이 좋겠고요.

둘째로는 재생 가능한 에너지를 사용하는 건데요. 예를 들어서 태양광 패널을 설치하거나, 풍력 에너지를 사용하고 그리고 유틸리티 공급자로부터 재생 가능한 에너지를 구매하는 방법이 있습니다.

세 번째로는 지속가능한 교통 이용인데요. 대중교통을 이용하고, 카풀이나 자전거 타기라든지 걷기, 전기자동차 또는 하이브리드 자동차를 이용하는 겁니다.

5. 또 일상에서 굉장히 좀 쉽게 실천할 수 있는 방법들도 있죠.

네. 네 번째로는 가급적 폐기물을 감소하고 재활용을 하는 것이죠. 종이라든지 플라스틱, 유리 그리고 금속과 같은 자원을 적절하게 재활용하고, 음식물 쓰레기도 최소화해서 퇴비화하고, 일회용 플라스틱 제품 사용을 자제하고 다회용 용기를 활용하는 것입니다.

그리고 녹색 생활 실천인데요. 우리나라가 현재 거의 물 부족 국가로 규정되고 있는 나라이기 때문에 물 사용을 자제하고, 친환경 청소 제품을 사용하면서 지속가능한 유기농 제품들을 선택하는 라이프 스타일이 필요합니다.

또한 탄소를 상쇄시켜서 탄소 배출의 균형을 맞추는 산림 조림이고요. 재생에너지 계획과 같은 탄소 상쇄 프로젝트를 지원해야 하죠.

마지막으로는 친환경 구매인데요. 포장을 최소화하는 제품을 선택하고, 친환경 브랜드를 지원하고, 환경 친화적이고 지속가능한 제품을 선택하는 겁니다.

이런 ESG 실천에 적극적으로 참여함으로써 우리 개개인들이 탄소 중립 포인트를 획득해서 보다 지속가능하고 환경을 고려하는 라이프 스타일에 기여할 수 있겠습니다.

6. 지금 우리나라에서 탄소중립 포인트제를 도입한 지 2년 만에 100만 명 돌파를 했다고 들었어요. 작년 2023년 지난 한 해 동안 90억 원이 많은 사람들에게 지급이 됐다면서요.

네, 그렇습니다. 일상 속에서 탄소중립 실천을 하면 현금처럼 사용가능한 포인트를 제공하는 '탄소중립포인트제도'가 시행된 지 2년 만에 가입자 수가 104만 명을 넘었다고 환경부가 밝혔는데요. 2022년 1월에 시작해서 탄소중립포인트제도 도입 첫해에 25만 9,000명이 가입했고요. 2023년은 4배가 늘어난 104만 명이 가입을 했습니다. 관련 포인트 지급 예산도 2022년에는 24억 5,000만 원에서 2023년 89억 원으로 늘어났고요. 2년간 총 113억 5,000만 원이 포인트로 지급됐는데요. 환경부가 이런 시민의식이 확대되면서 관련 예산을 24년 147억 7,000만 원으로 늘렸습니다.

7. 현명한 분들이 정말 많으시네요. 이 탄소중립 포인트 제도를 보니까 2009년에 전기 수도 가스절감 이런 에너지 분야에서 탄소포인트제라는 이름으로 시작됐더라고요. 그러다가 2020년 이제 자동차 분야도 추가가 됐어요.

네, 맞습니다. 2022년 1월부터 '탄소중립포인트제도'로 명칭을 바꿨고요. 10개 항목들의 탄소중립 행동을 실천하면 포인트, 최대 1,000원을 지급하는 일상 속에서 녹색생활 실천 분야로 범위를 늘렸습니다. 이를 통해서 시민들의 탄소중립 실천을 유도하고 비산업 분야에서도 온실가스를 감축하는 효과가 있는 것이죠.

8. 작년 한 해에만 90억 원이 지급이 됐다고 하는데 그럼 지금 방송 듣고 계시는 분들이 상당히 궁금하실 것 같습니다. 내가 몰랐던 탄소중립 포인트제 가입 어떻게 하면 되는 것인가? 궁금하실 거 같은데, 교수님 좀 알려주시겠어요.

탄소중립포인트제 가입은 '탄소중립 포인트' 누리집, cpoint.or.kr/netzero에서 받을 수 있고요. 환경부가 올해 6월부터 간편하게 제도에 가입하고 참여해서 실적을 조회할 수 있도록 '탄소중립포인트 모바일 앱'을 구축해서 공개할 예정이고요. 그리고 올해 7월부터 다회용컵 이용 항목과 다회용기 이용 항목을 소비자가 실천할 경우에 해당 매장 점주에게도 소비자 실천 금액의 10%를 연 2회 지급해서 탄소중립 실천에 도움을 주는 소상공인들도 지원할 예정입니다.

9. 그렇군요. 이런 탄소 중립 포인트 참여 기업들 경우에는 어떻게 ESG를 또 실천을 하고 있는 건가요?

예를 들어 스타벅스의 경우에는 텀블러와 다회용컵 이용, 이마트는 친환경 상품 구매라든지 현대백화점 인터넷 몰의 경우에는 전자영수증 발급하고, 쏘카 경우에는 무공해차를 대여한다든지 이와 같은 친환경상품 구매, 다회용기 이용, 폐휴대폰 반납, 리필스테이션 이용, 고품질재활용품 배출, 일회용컵 반환 등을 통해서 소비자에게 인센티브를 주는 녹색생활 실천 활동에 참여하고 있습니다.

탄소중립을 위해 동참할 수 있는 방법 중에 일상생활 속에서 언제든지 참여하고 추가로 현금처럼 쓸 수 있는 포인트까지 받을 수 있는 탄소중립 포인트제도! 잘 활용해 보시면 좋겠고요.

우리 모두 그린워싱(Green Washing)을 경계하고 실제로 그린(Green)을 실천해야 할 것이고요. 무엇보다도 우리와 미래 세대를 위해서 2024년 새해에는 지구의 환경을 보호하고 에너지도 절약하는 그런 한 해가 되었으면 좋겠습니다.

정부를 법정에 세운 10대들: 기후정의 전쟁

1. 요즘 청소년들이 환경 문제에 관심 많다더니, 정부를 상대로 소송까지 걸었다고요?

최근 한국에서 아시아 최초로 청소년들이 주도한 기후 소송이 헌법재판소에서 공개변론까지 이끌어 내면서 주목받고 있는데요. 기후변화에 대응하기 위한 기후 소송 관련 내용을 말씀드리겠습니다.

2. 기후변화가 ESG 이슈의 중심에 있다고도 볼 수 있을 것 같은데요. 기후 소송은 참 관심이 갑니다. 요즘 추세에 맞춰서 어떤 내용입니까?

지난 2024년 4월 23일에 열린 공개 변론이 2020년 3월 기후환경단체 청소년기후행동이 헌법재판소에 헌법 소원을 제기한지 약 4년 1개월 만에 열렸는데요. 이번 공개변론는 헌법재판소에 제기되어 있는 다른 기후 소송 3건의 사건을 병합해서 진행됐습니다. 이 4건의 기후 소송들을 보면, 2020년 청소년기후소송, 2021년 시민기후소송, 2022년 아기기후소송 그리고 최근 2023년 제1차 탄소중립기본계획 헌법소원 등 이렇게 4건인데요. 전체 원고인 수로는 255명입니다. 이 4건 소송 모두가 정부가 정한 온실가스 감축 목표가 과소 설정돼서 국민의 기본권을 침해하고 있다는 취지로 제기가 되었습니다.

참고로 이 헌법재판소는 대한민국 헌법을 수호하고 헌법상 권리를 보장하기 위해 설립된 독립된 기관인데요. 법률위헌 여부나 탄핵심판이나 정당 해산심판 그리고 국가기관 간에 권한쟁의심판 그리고 헌법소원에 관한 심판과 같은 중요한 역할을 하는데요. 이 소송과 관련해서 5월까지 두 차례 더 공개변론을 열 계획입니다.

3. 청소년 기후 행동이라고 하면 청소년들이 주도하는 소송이라는 얘기인가요?

네, 그렇습니다.

4. 대단하네요. 청소년들 미래가 밝습니다. 주변 나라의 경우는 이런 소송 사례들이 있는지 궁금하네요.

네, 소송 사례는 있지만, 청소년 기후소송은 처음입니다. 대한민국은 이제 처음 시작하는 기후변화 관련 소송이고요. 네덜란드와 독일 그리고 최근 13일에 유럽인권재판소에서 정부의 부실한 온실가스 감축 목표가 기본권 침해라는 판결이 잇따라서 나오고 있는 상황입니다. 우선 2019년 네덜란드 대법원에서 국가가 2020년 온실가스 감축 목표를 1990년 대비 20%에서 25%로 확대하라는 '우르헨다 소송(Urgenda Sue)' 판결로 기후

소송의 새 역사를 썼다고 볼 수 있습니다.[12] 그리고 독일 연방 헌법재판소에서는 2021년 미래 세대를 보호하기 위한 예방 조치도 국가 의무라고 하면서 온실가스 감축 책임을 미래세대에게 떠넘기는 현행 법령은 위헌이라고 결정을 했었습니다. 그래서 독일 정부는 헌법재판소 결정에 따라서 온실가스 감축 목표를 2030년 65%, 2040년 88%로 상향 조정했고요. 이 탄소 배출이 제로(zero)가 되는 탄소 중립 목표 연도도 2050년에서 2045년으로 5년 앞당겼습니다.

국가	소송 내용&판결
네덜란드	2019년 '우르헨다 소송' - 정부 감축목표 상향하라고 판결
독일	2021년 "미래세대에 부담 떠넘기는 법은 위헌" 판결
스위스	2024년 '할머니들 소송' - 유럽인권재판소, 정부 책임 인정
미국, 콜롬비아 등	청소년, 원주민 등이 잇달아 소송 제기

5. 네, 그러니까 정부가 감축정책을 제대로 하지 않아서 결국 국민들의 기본권이 침해당할 수 있다. 이런 얘기라고 볼 수 있겠네요. 정리하자면요.

네, 맞습니다. 정부의 책임을 물은 것이죠.

6. 최근 유럽인권재판소의 판결 사례죠. 기후 소송은 어떤 내용이었습니까?

---

12) 네덜란드 대법원은 기후 정의를 위한 6년간의 투쟁 끝에 정부가 탄소 배출량을 줄이기 위해 더 많은 노력을 기울여야 한다는 판결을 지지했다. 법원은 정부가 기후변화에 직면하여 국민의 인권을 보호할 명확한 의무가 있으며, 2020년 말까지 1990년 수준 대비 배출량을 최소 25% 줄여야 한다고 판결했다. 네덜란드 대법원은 기후변화 대책을 요구하는 획기적인 판결을 유지했다.

지난 13일에 스위스 할머니들이 스위스 정부를 상대로 유럽인권재판소에서 기후 소송을 제기해서 승소를 했습니다. 국제재판소에서 기후변화 관련해서 정부의 책임을 인정한 것이 이번이 처음인데요. 스위스 정부가 국가의 온실가스 배출을 줄이기 위해 충분한 조치를 취하지 않아서 스위스 여성 노인들의 인권을 침해했다는 것입니다. 그래서 이 단체에 3개월 이내에 8만 유로, 한화로 약 1억 원의 배상을 지급하라고 판결을 했습니다.

7. 이 단체에 1억 원을 지급하는 것이군요.

네, 그렇습니다. 참고로 유럽인권재판소는 유럽인권협약에 기반해서 유럽 50개 국가 중에 46개국이 참여해서 만들어진 국제재판소인데요. 자국이 당사국인 모든 사건에 대해서 이 재판소의 최종 판결을 따를 것을 상호 약속했습니다.

8. 방금 해외 사례를 말씀을 해 주셨는데 그러면 우리나라 기후 소송은 어떤 의미로 받아들일 수 있을까요?

우리나라 헌법재판소에서 기후 소송과 관련해서 공개 변론이 열린 것은 국내는 물론이고 아시아에서도 최초인데요.

9. 의미가 크네요.

네, 그렇죠. 헌법재판소에서 한 해 제기되는 사건만 2천 건 이상입니다.

그런데 이 중에서 헌법재판소가 공개 변론을 여는 경우는 10건도 채 안 되는 상황이라서 의미가 큽니다.

10. 공개 변론은 굉장히 적군요.

헌법재판소가 기후 위기 헌법 소원과 관련해서 공개 변론을 열었다는 것은 그만큼 우리 정부의 기후 대응 상황이 헌법재판소 차원에서 논의될 만큼 굉장히 중요하고 필요성이 크다고 봤다는 의미겠죠.

11. 그러면 해외 판결 사례처럼 우리나라에도 기후 위기 소송에 영향을 미치지 않을까 싶은데요.

좀 전에 말씀드렸던 스위스 할머니들의 기후 소송 판결로 세계 많은 나라들의 법원에서 기후소송 관련 사건이 쏟아져 나올 수 있는 길을 열어줬다는 데서 의미가 크고요. 우리나라에서도 기후 진정이나 기후 소송이 진행되고 있는 상황이고요. 특히 지난 3월에 123명의 고령자들이 '정부의 노년층 기후 대책 방기에 책임을 물어 달라.'고 하면서 국가인권위원회에 진정을 제기한 바 있습니다. 이분들이 '60+ 기후 행동'이라는 기후단체를 중심으로 활동을 하시는데 구성원들 평균 연령은 63세이고 최고령자는 92세입니다.

12. 아무래도 노약자는 환경 문제에 더 예민하고 취약할 수밖에 없으니까요. 스위스 할머니들의 기후 소송 승소와 더불어서 이번 우리나라 기후 소

송의 쟁점이라고 하면 뭐라고 할 수 있을까요?

이번 사건의 대표 쟁점 중에 하나가 기후위기대응을 위한 탄소중립 및 녹색성장기본법(탄소중립기본법)과 시행령, 국가기본계획 등에서 2030년까지 우리나라 정부의 온실가스 배출량을 2018년 대비 40%까지 감축하도록 한 국가온실가스 감축 목표가 충분한 가를 헌법재판소에서 판단하는 것입니다.

13. 그러면 헌법재판소에 제기한 청구인의 주장은 뭡니까?

이 청구인들은 기후변화 위기에 현재 대한민국 정부가 충실히 대응하지 않아서 감축 목표가 불충분할 뿐만 아니라 미래 세대들에게 헌법상 국민의 환경권, 생명권, 건강권, 행복추구권 등과 같은 기본권을 침해하고 있다고 주장하는 것이고요. 미래 세대에게도 과도한 감축 부담을 떠넘기고 있다는 것이 청구인 측의 설명입니다.

14. 이제는 환경문제가 개인의 문제가 아니다. 정부 차원에서 함께 해결해야 될 문제다 이렇게 영역이 넓어지는 것 같습니다. 그러면 정부 측 주장은 어떻게 되나요?

정부 측은 현재 감축 목표가 충분하다는 입장이고요. 정부가 녹색성장법이나 탄소중립기본법을 통해서 다양한 기후정책을 실행하고 있고, 온실가스 감축을 위해서 노력하고 있다는 것입니다. 특히 우리나라는 제조업 중심의 산업 구조를 가지고 있어서, 온실가스 감축이 다소 어렵고 그리고 아직 발생하지도 않은 기후위기 가능성만 가지고 기본권을 침해했다고 보기는 어렵다는 것이 정부 측 입장입니다.

15. 네, 아무래도 제조업 중심의 국가들은 더 고민하고 더 노력해야겠네요. 이제는 기후 위기가 아니라 기후 판결의 시간이라는 생각도 드는데 한국의 사례가 아시아 주변 나라들 기후 소송에도 아주 중요한 선례가 될 것 같습니다. 자, 끝으로 마무리 말씀 부탁드리죠.

최근 세계 나라들의 판결을 통해서 이 기후 문제를 구체적 권리로 인정하고 있다는 점에 주목할 필요가 있고요. 기후소송이 미래세대의 권리와 지속가능한 환경을 위한 중요한 법적 도구로 자리 잡고 있다는 것을 확인할 수 있겠습니다. 이제 많은 나라들의 정책 결정자들에게 기후변화 대응을 촉구하는 역할을 하고 있습니다. 기후변화가 인권과 기본권의 문제이고 탄소감축 목표에 대응하지 못하는 국가는 의무 위반이라는 법적 판단을 내리고 있어서 이번 헌법재판소 판결이 나면 아시아 국가들에게 중요한 선례로 작용할 것 같습니다.

요즘 사과가 금값이 되고 있습니다. 기후변화로 인한 물가상승 기후플레이션(climate-flation)이라고 하는데요.[13] 이런 기후 위기가 기후 소송의

---

13) 최근 연구에서 기후변화가 인플레이션(inflation)을 유발할 수 있다는 주장이 제기되고 있다. 이것을 기후플레이션이라고 한다. 경제정책에서 통화량이 인플레이션의 지배적인 요인이기도하지만, 이것이 유일한 요인이 아니라는 것이다. 가뭄, 홍수, 폭설 등과 같은 기후변화로 인한 자연재해나 극심한 날씨가 농작물 수확에 부정적인 영향을 미쳐서 우리의 식탁 먹거리와 관련한 식품 가격이 상승하는 현상을

근거가 되면서 기후 판결에도 영향을 미칠 것 같습니다. 그래서 기후변화의 심각성을 인식하고 보다 적극적인 환경보호 조치를 취할 수밖에 없는 중요한 시간이 다가온 것 같습니다.

16. 이번 헌법재판소 판결도 한번 주목해 봐야 될 것 같습니다. 오늘 소식 잘 들었습니다. 고맙습니다.

의미한다. 이런 기후변화로 인해서 농업 생산성이 감소하고, 노동 생산성이 하락하는 생산성 충격이 우리나를 포함해서 전 세계적으로 발생하고 있다.

월드투어가 남긴 탄소발자국: K-POP의 두 얼굴

1. 에코 포커스, 이 시간은 환경 이야기 함께합니다. 오늘은 환경과 관련된 어떤 주제로 얘기 나눠 봅니까?

혹시 극성 K-POP 팬들이 기후변화를 불러일으키고 있다는 사실 알고 계시나요?

2. 아이돌을 좋아하는 팬인데, 기후변화하고 연관이 있다고요. 어떤 내용입니까?

큰 영향이 있는데요. 팬들의 앨범 구매가 기후변화에 미치는 영향들이 매우 심각한 것으로 나타나고 있습니다. 지나친 팬심이 기후변화를 불러일으키고 있다는 겁니다. 과도한 앨범 생산과 소비가 플라스틱 폐기물 증가와 자원 고갈로 이어지면서 탄소 배출을 증가시키고 있는데요. K-POP 앨범 생산과 이들 팬들의 문화로 인해서 수집용 앨범이라든지, 굿즈(Goods)라든지 이런 상품 구매 비율이 높아지면서 문제가 더욱 심각해지고 있는 것이죠. 그리고 요즘 음반 산업 자체가 스트리밍 서비스에 크게 의존하고 있어서 상당한 탄소 배출과 자원 소비가 발생하고 있는데요. 이런 구독 기반의 스트리밍 서비스로의 전환들도 역시 환경 영향을 줄이지 못하고 있습니다. 그 이유는 데이터 센터와 디지털 인프라 등이 역시 탄소 배출에 기여하기 때문입니다.

3. 그러니까 단순히 생각하면 사실 스트리밍 서비스는 어떤 물건을 필요로 하는 것이 아닌 인터넷에서 플레이시키면 되는 것이기 때문에 이것이 환경과 관련이 있나 싶은데, 데이터센터를 운영해야 되기 때문에 환경에 영향을 미친다는 말씀이시군요. 그렇군요. 팬들이 자신이 응원하는 가수의 앨범을 사는 것도 환경에 큰 영향을 미치네요.

네, 그렇죠. 최근 음주 뺑소니 사건으로 큰 화제가 됐던 가수 이야기 아실 겁니다. 극성팬들이 앨범을 여러 장씩 산 뒤에 이것을 복지 기관에 기부하면서 또 다른 논란이 되었는데요. 자신들이 좋아하는 가수들의 음반 발매 첫 주에 판매량 기록을 올리기 위해서도 대량 구입을 하고요. 이 가수들의 팬 사인회 등과 같은 행사에 참석 확률을 높이거나 그리고 가수 앨범 속에 다양한 포토카드를 모으기 위한 목적으로 앨범을 대량 구매하고 그러고 난 뒤에 이것을 복지기관과 같은 다른 기관에 보내면서 기부라는 형태로 포장하는 것 아니냐하는 논란이 최근에 있었습니다. 이렇게 팬들이 당초에 필요 이상으로 앨범을 구매하는 행위가 탄소 배출을 증가시키고요. 그다음에 기후변화에 영향을 준다는 비판이 있습니다. 그래서 이 앨범 기부가 앨범이 출고된 이후에 바로 버려지는 것을 막을 수 있을지는 몰라도 근본적인 해결책이 될 수는 없다는 것입니다. 이런 플라스틱 앨범이 원래 용도로 쓰이는 것이 아니기 때문에 이와 같은 기부 행위가 마치 폭탄 돌리기처럼 보여질 수 있는 것이죠.

4. 요즘 보니, SNS가 굉장히 활성화됐잖아요. 그러면서 앨범을 구매하고, 오픈하면서 이런 것들을 영상으로 찍다 보니 아무래도 청소년들은 구매가 유도되는 부분들이 있고, 말씀하신 것처럼 팬심으로 앨범을 여러 장 사는 경우도 있고, 이것들이 모두 다 영향이 있군요. 그러면 음악 앨범이 어느 정도 환경에 영향을 미치는지 궁금한데요.

작년 2023년 환경부 자료에 의하면, 국내 기획사가 앨범 제작에 사용한 플라스틱이 2017년 55.8톤에서 급증해서 2022년 801.5톤으로 집계됐다는 보고가 있습니다. 5년 만에 플라스틱 사용량이 14배 이상이 폭증한 것인데요. 이 플라스틱이 폐기물 부담금 부과 대상이라는 것이 더 큰 문제입니다. 그래서 음반 판매량 집계 사이트인 써클 차트에 따르면, 2022년 TOP 400위 기준으로 1월에서 12월까지 앨범 누적 판매량이 약1억 2천만 장으로 2021년 대비해서 8천만 장보다 50% 가량이 더 늘어났습니다.

그리고 포브스(Fobes)에 따르면 앨범 1장을 생산하는 데 있어서 약 0.5kg의 이산화탄소가 발생하는데요. 이것은 포장이나 운송에 환경 비용이 포함되지 않은 수치입니다.

5. 심지어 포함되지 않은 거예요?

네, 맞습니다. 이 정도의 수치는 자동차를 1.6km 운전할 때 생성되는 이산화탄소의 양과 거의 같다고 하고요. 앨범을 구매하면 할수록 이런 온실가스 배출량이 빠르게 증가할 수 있다는 이야기입니다.

6. 사실 요즘 같은 시대에 굳이 플라스틱을 이용한 앨범 제작이 필요가 없는데 얼마든지 스트리밍 서비스로 이용하면 되니까요. 그런데 이것이 수익이 되다 보니 회사 측에서 자꾸 제작을 하는 것이 아닌가 하는 생각이 듭니다.

네, 그렇습니다.

7. 앨범을 판매하는 기획사들이 이제 이익을 극대화시킬 생각보다 앞으로는 환경을 고려한 경영도 필요해 보이네요.

엔터테인먼트 기획사들이 비즈니스적으로 앨범 판매를 극대화하려는 그런 상술이 있어서 또 이런 대량 구매 문화가 양성되고 있다고 보여지는데요. 이런 기획사가 대량 또는 중복 구매를 조장하는 상술을 중단해서 이처럼 기형적이고 환경 파괴적인 문화를 뿌리 뽑아야 하겠습니다. 그리고 기획사와 팬들이 바뀌어야 하겠고요. 사회적으로도 앨범 사재기를 근절할 수 있는 대중의 비판적 접근이 필요해 보입니다.

8. 음악 산업이 일반적으로 먼저 환경에 대해서 소홀한 면도 있지만 또 일부 아티스트들은 환경에 굉장히 관심이 높더라고요. 기후변화와 관련된 음악이 있습니까?

이런 문제의식을 가지고 있는 아티스트들이 있고요. 최초의 기후변화 콘셉트 앨범으로 미국의 싱어송 라이터로 흑인 음악가이자 대중문화 역사상 가장 위대한 가수 중 한 명으로 꼽힐 정도인 마빈 게이(Marvin Gaye)가 있습니다. 1971년 'What's going on'이 있습니다. 이 노래는 시대를 초월한 고전 소울 음악인데요. 50년 전과 지금 오늘날에도 가슴 아픈 메시지를 담고 있습니다. What's going on. 이 콘셉트 앨범으로 베트남 전쟁이나 마약 남용 증가 그리고 기후 위기를 다루고 있습니다. 마빈 게이는 지구의 파괴를 비난하고 우리가 지구의 주인이라는 관점을 뒤집어서 다양한 지구의 생명체들의 멸종을 경고하고 있습니다.

9. 지금으로부터 50년 전에 벌써 기후에 관한 우려를 하고 있었네요. 음악을 통해서 이렇게 환경에 대한 경종을 울리는 아티스트들도 많이 있는 걸로 알고 있는데, 대표적인 몇 명만 좀 더 소개를 해 주실 수 있나요?

다양한 음악 장르에서 기후변화 이야기를 노래를 하고 있는데요. 대중음악에 있어서 기후 변화는 굉장히 오래된 노래 주제입니다. 오랜 세월 동안에 다양한 아티스트들이 팝이나 포크송 그리고 힙합 음악에 이르기까지 다양한 음악을 통해서 지구의 건강을 살펴 왔었습니다. 먼저 미국의 록 밴드인 원 리퍼블릭(one republic)이 있는데요. 2017년 발매된 트랙인 'truth to power'에서 기후변화에 대해서 이야기했고요. 그리고 역시 미국 MZ 세대의 아이콘이자 팝스타인 빌리 아일리쉬(Billie Eilish) 역시 2019년 발표한 'All the good girls go to hell' 노래 있습니다. '모든 착한 소녀들은 지옥에 간다'고 하는 다소 섬뜩한 제목인데요.

10. 섬뜩하네요.

여기에서 기후변화로 인한 산불이나 해수면 상승과 같은 지구 환경에 대해서 이야기를 했습니다. 기후변화를 둘러싼 인간의 무관심을 언급했고요. 그리고 미국의 힙합 아티스트인 래퍼 커먼(Common)은 힙합 장르도 환경에 대해서 할 말이 있다는 것을 대표적으로 보여 주고 있습니다.

11. 우리나라에서 활동하는 아티스트들도 있죠.

네, 물론 있습니다. BTS 래퍼 제이홉 경우 2022년 앨범 'jack in the box' 앨범에서 실물 CD 없이 발매했었는데요. 이 앨범의 포토카드는 포함되어 있지만, 앨범에 최소한의 포장이 포함되어서 팬들이 내부에 QR 코드 스캔해서 음악을 별도로 다운로드할 수 있었습니다. 제이홉은 환경폐기물 방지를 위한 노력으로 디지털 방식으로 발매했었는데요. 이처럼 다양한 아티스트들을 통해서 기후 위기를 귀로 듣고 있습니다.

12. 글로벌 K-POP 팬들이 지진이나 홍수 피해로 성금 마련이나 기부활동을 진행하는 것도 알려져 있죠.

네, 그렇습니다. BTS 아미 팬클럽이나 블랙핑크, 엑소, 세븐틴 등 이런 글로벌 K-POP 그룹의 팬덤이 2019년부터 지금까지도 인도네시아라든지 태국, 필리핀, 한국에서 홍수나 태풍, 산불로 피해를 입은 이재민들을 돕기도 하고요. 특히 세븐틴 팬클럽의 경우는 강원도 산불로 소실된 숲을 보호하기 위해서 성금을 모았던 적도 있고요. 그리고 'K-POP for Planet'이라는 글로벌 케이팝 팬들이 기후 위기에 대응하기 위해서 조직된 플랫폼인데요. 장기적인 관점에서 기후변화와 환경 문제에 대응하기 위한 팬덤의 선한 영향력을 보여 주는 대표적인 사례라고 할 수 있습니다.

13. 네, 이제 탄소 배출을 줄이는 것이 화두가 됐죠. 그야말로 어떻게 보면 뜨거운 감자라고 할 수 있을 텐데 여러 분야의 영향이 있군요. 음반 산업과 관련해서도 이렇게 밀접한 관련이 있다는 것도 새롭게 알았습니다.

우리가 다 인식하고 있는 내용들인데요. 먼저 의식적이고 책임감 있는 구매 습관이 필요하겠고요. 불필요한 포장재를 줄이고, 친환경 제품 사용하고 공유 경제 활용하는 것입니다. 또한 물이나 에너지 소비 관리하고 재활용과 폐기물 감량을 실천하는 것이 중요할 것입니다. 그리고 가급적 대중교통을 이용하는 것도 탄소배출 줄이고 기후변화에 대응하는데 큰 도움이 될 것입니다.

14. 탄소배출을 줄이기 위해서 음반 산업도 노력해야겠습니다. 기획사와 팬들 어떤 대안이 있을까요? 마무리 말씀 부탁드립니다.

"죽은 행성에는 음악이 없다."

몇 년 전부터 이 슬로건이 음악 산업에 구호로 흘러나오고 있는데요. 음악 산업 역시 탄소배출과 자원 소비를 줄일 수 있는 친환경적인 생산과 유통 방식을 모색해야 할 것이고요. 그리고 음반 구입에 대한 대안으로

'녹색앨범 옵션'이 있는데요. 팬들이 온라인 구매를 할 때 얼마나 많은 실물 앨범을 받을 것인지 선택할 수 있는 건데요. 예를 들어서 팬들이 30개 앨범에 대해서 비용을 지불할 수 있지만 3개만 받도록 선택할 수 있는 것입니다. 이렇게 하면 플라스틱 쓰레기를 줄이는 동시에 아티스트가 음악 차트에서 더 높은 순위를 차지할 수 있도록 돕고 아이돌과 화상 통화나 대면 미팅에 당첨될 가능성을 높일 수 있겠죠. 그리고 K-POP의 세계적인 인기를 감안해서라도 엔터테인먼트 기업들은 ESG 경영 기준을 강화하고, 정부는 이에 대한 대책 마련이 필요할 것입니다. 아울러서 기획사가 앨범의 제품 구매자에게 제품 폐기 방법을 알리는 공지를 게시하는 규정과 기획사의 폐기물 관리를 위한 비용 분담 대책을 마련해야 할 것입니다.

15. 이와 관련해서 앞으로 어떤 대안들이 있는지에 대해서도 다음 시간에 이어서 좀 말씀해 주시면 어떨까 싶고요. 오늘은 여기에서 말씀 정리하겠습니다. 고맙습니다.

BTS도 친환경, 블랙핑크도 탄소 감축 중!

1. 오늘은 환경에 초점을 맞춰 보겠습니다. 에코 포커스 준비돼 있는데요. 오늘 주제는 뭡니까?

네, 오늘은 팝의 본고장이라고 하는 영국 런던에서 BTS와 블랙핑크가 공연했던 O2 공연장이 세계 최초로 '탄소 제거' 콘서트를 개최했다는 내용입니다. 그리고 2024년 4월 30일 정부가 ESG 공시 기준 공개 초안을 공개하게 되는데요. 이와 관련된 주요 정책 동향을 말씀드리겠습니다.

2. 탄소 제거와 공연과 연관이 있나 싶은데요. 이 탄소 제거 콘서트는 어떤 내용입니까?

팝의 본고장이라고 할 수 있는 영국 런던에서 BTS와 블랙핑크가 공연을 했었는데요. 이 O2 공연장에서 세계 최초로 탄소 제거 콘서트를 개최했다는 내용입니다. 이 O2 공연장이 영국 얼터너티브 록 밴드인 '더 1975' 밴드가 지난 2월 공연하면서 배출되는 탄소를 상쇄시키기 위해서 탄소 제거 크레딧에 투자한 시범 프로젝트를 공개했는데요. 먼저 이 4인조 밴드

'더 1975' 밴드는 지난 시간에 말씀드렸던 적이 있는데요. 음악 산업과 팬들 모두를 위해서 환경을 생각하는 지속가능한 미래를 만드는 뮤지션 중의 하나죠. 세계 기후운동가인 그레타 툰베리(Greta Thunberg)와 협업해서 기후 관련 음악 작업도 했었습니다.

3. 그레타 툰베리 같은 경우는 학생 때부터 환경활동에 참여했었던 그런 친구죠?

네, 그렇죠. 세계적인 환경운동가죠. 최근에 이 O2 공연장이 공연에서 발생하는 136톤가량의 이산화탄소를 제거하기 위해서 탄소 자금을 마련했는데요. 4회 공연에 걸쳐서 탄소 제거를 해서 상쇄된 이산화탄소 양이 총 545톤에 이른다고 합니다. 이 O2 공연장 측에서는 영국의 탄소 제거 플랫폼 기업과 협업해서 각각의 공연에서 배출하는 대략적인 탄소배출량을 예측해서 모델을 개발했다고 합니다.

4. 공연장에 추진한 탄소 상쇄 프로젝트라는 것이 구체적으로 어떤 내용인지 궁금한데요.

O2 공연장 측에서는 이 공연에 발생하는 탄소 배출량의 약 76%가 관객들로부터 나온다고 하고요. 이번 탄소 제거 콘서트에서 O2 측 탄소투자와 티켓 가격의 일부인 0.9 파운드, 한화로 약 1,500원 정도로 상쇄권(Carbon Offset) 투자가 이루어졌다고 합니다. 이것을 계기로 O2 측은 공연장 산업의 저탄소 미래를 위해서 지속가능한 수준의 세계적인 이벤트

를 추진하겠다고 합니다.

하지만 탄소 상쇄에 대해서는 의견이 분분한데요. 최근 글로벌 기관에서 탄소중립 목표를 달성하기 위해서 탄소 상세권 사용을 확장하기로 했는데요. 이에 대한 비판이 만만치 않습니다. 왜냐하면, 충분한 보호 장치나 탄소 배출에 대해서 엄격한 감독도 없이 그저 탄소를 상쇄시키기 위해서 인정해 버리면 자체적으로 탄소 배출을 감축하는 노력 없이 탄소 상쇄만 집중해서 의존할 것이라는 주장입니다. 실제 미리 탄소 배출을 줄여야 하는데 탄소 상쇄는 사후 처방에 집중할 수도 있다는 이야기죠.

5. 네, 그러니까 이제 탄소를 감축하려는 노력보다 일단 일정 비율만큼만 맞추면 된다고 생각해서 배출하고 다시 예를 들면 희석시키는 이런 과정을 만들 수 있다는 거죠.

네, 실질적으로 환경 보호를 위해서는 탄소 감축이 우선인데 그보다 탄소 상쇄 쪽에 초점을 맞추게 되면 문제가 생긴다는 것입니다.

6. 그렇겠네요. 공연장에서 발생하는 탄소 배출량이 좀 전에 말씀해 주신 것을 들어 보니까 76%가 관객들로부터 나온다는 것이 상당하네요. 공연업계도 콘서트를 기획할 때 기후변화에 대응하는 이벤트가 필요하다 싶습니다.

네, 그렇습니다. 최근 우리나라에서도 한국문화관광연구원이 2021년에 '문화예술의 친환경적 관점 도입을 위한 연구'를 발표했는데요. 공연장이

도서관이나 박물관, 미술관 같은 이런 타 문화시설들에 비해서 탄소 배출량이 가장 컸다고 발표 했습니다. 그래서 이처럼 공연업계에서도 지속가능한 콘서트를 고민해야 할 때죠.

그래서 작년 11월에 서울 고척돔에서 열린 블랙핑크 콘서트에서 기후변화 관련 이벤트를 하면서, 관객들의 이동 거리를 파악하고 교통수단이나 숙박시설을 이용하면서 발생하는 탄소발생량을 계산하는 탄소계산부스, 'Your Green Step'을 운영하기도 했습니다. 국내 최초로 아이돌 공연에서 탄소 발자국 계산을 실시했다는 것에 주목을 받았었죠. 예를 들어, 이렇게 계산을 한 거죠. 탄소계산기 결과로 대중교통을 이용해서 공연장인 고척돔까지 이동했을 때 실제로 1.22Kg 정도의 이산화탄소가 배출됐다는 것입니다.

7. 이런 식으로 탄소가 배출됐다는 것이군요.

그렇죠. 공연장에 온 3만 명 관객들 중에서 약 2천 명의 팬들이 탄소발자국 계산에 참여했다고 합니다. 그리고 BTS와 협업했던 세계적인 영국락 그룹, 콜드플레이(Cold Play)도 관객들이 이동하면서 $CO2$를 많이 배출한다는 문제의식이 있어서 관객들에게 저탄소 교통수단 이용을 권장하고, 탄소발자국을 계측하는 전용 앱을 관객들에게 사용하게 하고 있습니다. 그리고 저탄소 이동에 동참한 관객에게는 현장에서 사용할 수 있는 할인코드를 발급해 주고 있고요. 이와 함께 티켓 1장당, 1그루 이상 나무를 심어서 탄소상쇄 프로젝트도 적극 실행하겠다고 밝혔습니다.

8. 저는 단순하게 공연장에서 발생하는 탄소가 사람이 숨 쉬면서 나오는 것이 이렇게 크게 작용하는 것인가 생각했는데, 그것보다는 이동 교통수단을 이용하면서 발생하는 탄소가 크군요.

네, 그렇습니다. 우리가 직·간접적으로 에너지도 사용하고 탄소배출도 하고 있습니다.

9. 그렇겠네요. 그리고 다음으로, ESG 관련해서 정부에서 주요 정책을 내놓는다고 하는데 그 정책 동향에 대해서 말씀해 주시죠.

정부, 금융위가 2024년 4월 30일에 굉장히 민감하면서도 중요한 정책인 ESG 공시 기준 초안을 발표합니다. 이 초안에는 스코프 3(Scope 3). 즉 범위 3이라고 하는데요. 다시 말씀드리면 가치사슬 전반에 걸쳐서 발생하는 온실가스 배출량까지 관리하는 조항이 포함된 것으로 알려졌습니다. 이것이 미국의 공시계획에는 기업의 스코프 3가 제외됐는데요. 우리나라 규제가 이 보다 더 높은 수준의 규제라고 볼 수 있겠습니다.

이 ESG 공시 기준이 최종 확정되면 2026년부터 기업의 전체 자산 2조 원 이상으로 코스피에 상장된 기업부터 시범 적용할 예정인데요. 금융위가 ESG 공시기준의 최종안을 6월경에 발표할 것이라고 합니다.[14] 그래서

---

14) 2024. 4월 ESG 공시 규제 초안이 발표되고 8월 말까지 국내외투자자와 이해관계자의 의견 수렴을 통해 최종안을 검토한다고 했지만, 2024년 11월 15일 현재 국내 기준이 아직도 확정되지 않았다. 미국, 호주, 홍콩, 중국 등 나라들도 2026년부터 ESG 공시를 의무화할 예정이다. 하지만 미국은 2024년 초 증권거래위원회(SEC)의 기후공시 규정이 확정됐지만, 일부 주(州) 정부와 기업이 소송을 제기하면서 의

글로벌 사회에서 요구하는 ESG 공시 기준 적용을 기업들이 부담되지 않게 수용 가능하도록 제정하겠다고는 하는데요. 이번에 ESG 공시 기준안에 스코프 3가 포함되면서 기업들이 반발할 것으로 예상이 됩니다.

10. 환경 문제는 아무래도 기업이 적극적으로 참여를 해야 되는 부분이잖아요.

네, 맞습니다. 사실 어떻게 보면 미리 탄소 예방주사를 맞는 차원이거든요. 하여튼 미국의 경우 스코프 3이 제외됐고요. EU의 경우도 스코프 3을 공시 기준에 적용할 것인지에 대한 여부를 놓고 분열되는 양상을 보이고 있습니다. 이런 글로벌 움직임의 상황을 주시하면서 한국은행에서 지난 3월에 금융당국에게 ESG 공시 기준을 서둘러서 만들어 달라고 요구하는 보고서를 만들었습니다.

11. 네, 그러면 스코프 3을 스코프 1, 2와 비교해서 설명을 좀 해 주시면, 어떨까요?

기업들이 어떻게 탄소를 줄일 수 있을까요? 우리가 생각을 좀 해 보면, 우선 탄소 감축을 위해서 기업들은 가장 먼저 해야 되는 것이 탄소 배출량을 파악하는 것이 중요하겠죠. 그러니까 얼마나 배출하는지를 알아야 관리하고, 목표를 세워서 양을 줄이고, 글로벌 사회에 발표할 수가 있겠

무화 시행이 유예됐다.

죠. 그래서 기업들이 스코프 1, 2, 3, 즉 유효범위 1, 2, 3라고 하는 온실가스 회계 처리와 보고기준을 사용해서 탄소 배출을 분류하고 관리하는 보고 체계라고 할 수가 있습니다.

좀 더 구체적으로 말씀드리면, 우선 스코프 1, 2, 3는 기업이 자체 운영 시에 또는 공급망, 즉 협력 업체 전반에서 발생하는 다양한 종류의 탄소 배출을 분류하는 방법인데요. 먼저 스코프 1은 기업이 소유하고 관리하는 자원에서 직접적으로 발생하는 탄소를 의미하고요. 다시 말하면 기업이 직접적인 경영활동 결과로 대기 중에 바로 배출되는 탄소라고 할 수 있습니다.

그리고 스코프 2는 기업에서 간접적으로 배출되는 탄소를 의미합니다. 그러니까 기업이 구매해서 소비하고 있는 전기나 스팀 냉방 같은 장치들로부터 발생해서 대기 중으로 배출되는 모든 온실가스를 말하는 것이죠. 대부분 기업들이 이 스코프 2를 감축하기 위해서 신재생에너지를 사용하겠다는 것이고. 국제사회에서도 이런 신재생에너지 사용 여부를 확인하는 것입니다. 사업장에서 가장 많이 사용되는 에너지가 바로 전기이기 때문이겠죠.

그리고 이제 마지막으로, 스코프 3는 스코프 2를 제외한 모든 간접적인 탄소 배출을 말하는데요. 기업의 가치사슬, 즉 공급망이라고 하는 협력 업체들이 만들어 내는 제품 생산 과정 전체에서 발생하는 모든 탄소배출이 포함됩니다.

12. 그러면 왜 미국이 반대하고, EU에서도 논의 중인 스코프 3가 중요하고 주목해야 하는지 설명과 함께 마무리 말씀 부탁드리겠습니다.

앞서 말씀드렸듯이 스코프 1, 2와 비교했을 때 이 스코프 3은 범위가 굉장히 넓고 복잡해서 기업들이 탄소 배출량을 파악하고 감축 계획을 세우기가 쉽지가 않다는 것입니다. 그리고 법적으로도 반드시 발표해야 하는 수치도 아니었는데요. 이제 많은 기업들이 탄소 중립을 목표로 하기 때문에 이 스코프 3에 주목할 수밖에 없습니다.

왜냐하면, 기업의 환경 투명성을 높여서 긍정적인 브랜드 이미지를 구축하고 고객의 신뢰도를 높일 수 있기 때문이죠. 그리고 장기적으로는 기업 경영을 하는 데 있어서 필요한 자원을 효율적으로 사용하고 생산과 관리비용을 절감할 수 있기 때문인데요. 그래서 탄소 배출량의 산정방식이라든지, 데이터 기준을 표준화시킨다든지 이런 표준화와 관리방식이 아직 해결해야 할 많은 과제들입니다.

그렇지만 우리 지구의 미래를 위해서 지속가능한 발전은 이제 선택이 아닌 필수가 되었습니다. 그리고 이런 환경 문제들이 정부가 주도하는 이벤트로 떠올리기 쉬운데요. 앞서 말씀드린 세계적인 아티스트들의 진심이 담겨 있는 이런 환경 발걸음의 도전을 보면서 우리 스스로도 누구나 환경문제 당사자라는 인식이 커져야 할 것입니다.

13. 탄소 배출 줄일 수 있는 방법 이제는 전 세계가 함께 고민해 봐야 할 시점이 아닌가 싶습니다. 오늘 말씀 잘 들었습니다. 고맙습니다.

연봉보다 ESG? MZ 세대가 바꾸는 취업 공식

1. 오늘은 채용 트렌드와 ESG 경영 사례를 연결해서 이야기를 해 주신다라고 들었습니다. 채용과 ESG가 어떤 관련이 있는지 궁금합니다.

최근 한국바른채용인증원에서 실시한 '2022 채용 트렌드' 설문조사 결과에 직무 중심 채용이 1위를 기록했었습니다. 그 중에서도 ESG 경영의 중요성이 새롭게 떠오르고 있는데요. ESG는 투자 개념의 용어인데 이 키워드가 채용 트렌드에 어떤 역할을 하고 있는지, 그리고 ESG 경영 사례를 살펴보면서 MZ 세대가 바꾸고 있는 채용 트렌드를 파악해 볼 필요가 있습니다.

2. 이 채용 트렌드를 MZ 세대가 바꾸고 있다라는 말씀을 마지막에 해 주셨는데 이게 무슨 말인지도 궁금하고 또 MZ 세대에 특히 좀 주목을 해야 하는 이유가 좀 있을 것 같은데요.

네, 기업이 MZ 세대를 공략하는 것이 비즈니스 성장과 발전에 있어서 매우 중요한 전략이 되었는데요. 우선 MZ 세대는 1980년대 초반부터

2000년대 초반에 태어난 밀레니엄 세대와 1990년대 중반부터 2010년대 초반에 태어난 Z세대를 통칭하는 용어입니다. 현재 대중을 이루고 있는 중요한 소비자 그룹이 되었습니다.

3. 그렇죠. 우리나라 인구 구조에 아주 중요한 계층이 되었죠.

오늘날 10대부터 40대까지 개인을 포괄하고 있는데요. 이런 MZ 세대는 소셜미디어와 대중문화의 영향을 받는 트렌드를 따르며, 공공재보다는 개인적 성장과 기업가 정신을 우선시하는 특징이 굉장히 두드러지고 있습니다.

최근 딜로이트(Deloitte)가 실시한 글로벌 설문조사에 따르면 2023년 MZ세대 설문조사에서 더 큰 환경 지속가능성과 사회적 영향에 대한 추진력이 젊은 인력의 라이프 스타일과 직업 결정에 중요한 방향을 제시하고 있다고 밝혔습니다.

4. 그렇군요. 직업에 대한 가치관들도 상당히 좀 많이 MZ 세대는 좀 이전과는 달라졌다, 이런 이야기가 될 것 같은데, 조사 결과가 구체적으로 궁금해요. 교수님.

이들 MZ 세대들 응답자 절반 이상이 채용 제의를 수락하기 전에 그 기업의 브랜드가 환경에 미치는 영향과 정책을 조사했다고 답했고요. 특히 응답자 6명중 1명은 이미 기후 문제로 인해 직업이나 분야를 바꾸었다고 답했습니다. 4명 중 1명은 앞으로 그럴 계획이라고 답했고요.

5. 사실 우리가 그동안에 이 MZ 세대가 소비를 할 때 ESG에 관련해서 얼마나 중요하게 생각을 하는가라는 부분에 대해서는 굉장히 많이 짚어 왔었거든요. 그런데 자신의 직업을 결정할 때도 그 기업의 ESG 가치에 대한 부분을 상당히 높게 보는군요.

네, 그렇습니다.

6. 그래서 이제 친환경 업-사이클링 브랜드가 MZ 세대에게는 명품 브랜드다 이런 이야기들도 하더군요. 그러면 이제 앞서 MZ 세대에 주목해야 하는 이유 잠깐 언급을 했는데 이 MZ 세대가 가지고 있는 가치가 우리 정치 경제 사회에 어떻게 영향을 미치고 있었나요?

2020년 기준으로 우리나라 MZ 세대 규모는 1,630만 명으로 전체 인구의 32.5%를 차지하고 있습니다. 이런 MZ 세대 10명중 6명은 가격이 비싸더라도 ESG 경영을 실천하는 기업의 제품을 구매할 의사가 있다는 2020년 대한상공회의소의 설문 조사 결과가 나왔었죠.
이런 MZ 세대 가치가 우리 정치 경제 사회에 아주 중요한 요인으로 작용하고 있고요. 특히 기업들이 주목해야만 하는 시대가 되었습니다. 그리고 채용시장에서 요즘 기업들은 공정한 채용 절차나 채용 면접관의 자질을 강화해야 되는 이런 것뿐만이 아니고 지역에서 인재를 찾아서 육성하는 이런 일자리 관련한 사회적 활동까지 경영에 요구하게 될 전망입니다. 이런 기업들의 ESG 경영 방식이 MZ 세대들의 가치 소비나 윤리적 소비로부터 시작되었다고 볼 수 있겠습니다.

그리고 친환경이나 비건과 같은 가치 중심 소비에 매우 이들 세대가 익숙한데요. 사회문제에 적극적으로 나서는 기업들을 찾아 나서기도 하고 있습니다. 국내 기업들이 MZ 세대가 기업의 조직과 함께할 수 있도록 ESG 경영으로 채용에 변화를 주는 것도 아마 이 때문일 것입니다.

7. 그러니까 이제 MZ 세대들은 내가 일할 이 회사는 단순히 그냥 돈을 버는 경영 주체가 아니라 사회를 좀 더 생각하고 또 환경을 지키는 그런 어떤 선순환 구조에 핵심적인 역할을 하는 기업이었으면 좋겠다라는 생각들을 가지고 있는 것 같습니다.

네, 맞습니다.

8. 이제 MZ 세대들의 생각과 가치관이 이렇게 변화하면서 채용 트렌드도 당연히 변화할 수밖에 없고요. 그러면 기업들도 여기에 맞출 수밖에 없을 텐데요. 이런 기업들의 ESG 경영 사례를 좀 살펴보면 더 이해하기 좋을 것 같습니다. 국내 기업들의 사례를 알아볼까요?

네, 우리나라 대표적인 식품회사인 풀무원의 경우, 2021년 한국 ESG 기준원 평가에서 통합 A+ 등급에 올랐습니다. 환경관리시스템을 표준화하고 온실가스 배출량을 관리하는 등 환경 개선에 주의를 기울이고 있어 환경 부문에서 높은 점수를 받았고요. 특히 2019년 자사 제품에 친환경 포장을 도입하면서 2024년 올해까지 풀무원의 모든 제품에 100% 재활용이 가능한 포장재를 사용하겠다는 계획입니다. 아울러 인권과 공정거래자율

준수 체계를 구축해 운영하고 있어 좋은 점수를 받을 수 있었고요.

그리고 10년 이상 '어린이 바른 먹거리 교육'을 이어왔다는 점이, 사회 책임 부문에서 A+ 를 받는 데 기여한 것으로 보여지고요. 뿐만 아니라 지배구조 부문에서는 전문 경영인과 이사회 평가 정보를 공개하면서 기업이 투명성과 효율성을 제고했다는 측면에서 기업지배구조 모범 기준에 적합한 것으로 나타났습니다.

특히 '사람과 자연을 함께 사랑하는 LOHAS 기업' 이라는 이 기업의 미션으로, ESG 경영 활동을 입사 조건으로 생각하고 있는 MZ 세대들에게는 충분히 어필이 가능할 것으로 보여집니다.

9. 그러니까 이제 ESG 가운데서도 E와 G 이 2가지를 상당히 좀 집중하는 그런 모습을 보여 준 기업의 사례였네요.

그렇게 볼 수가 있겠네요.

10. 그럼 두 번째로, 살펴볼 기업은 어떤 기업일까요?

우리나라 최대 정보통신 기업인 카카오톡 회사인데요. 2021년 한국 ESG 기준원 평가에서 통합 A 등급을 받았고요. 사회 부문은 A+ 등급, 지배구조 부문은 A 등급을 받았는데, 특히 환경 부문에서는 20년에 비해 세 등급이나 상승하여 A 등급에 오른 것이 눈에 띄는 부분입니다.

2200년 1월부터 ESG 위원회를 신설하여 ESG 경영 강화에 힘을 쓰겠다고 밝히면서 기업의 약속과 책임활동을 담은 보고서를 발간하기도 했습니다.

그리고 2022년 카카오는 청년 일자리 창출을 위한 계획을 발표하기도 했습니다. 그러면서 청년희망ON 프로젝트를 통해 5년간 1만 명의 인재를 채용함으로써 청년 실업 문제를 해결하겠다는 그런 의지를 보이고 있습니다.

11. 그렇군요. 또 다른 사례도 있을까요?

마지막 사례로는 '모두의 더 나은 삶을 지향한다.'라는 비전을 가지고 있는 기업인데요. 긍정적인 환경가치와 포용적인 사회 가치를 추구하고 있는 LG 그룹입니다. 특히 2020년 지주회사 ㈜LG에서 ESG 위원회를 열어 MZ 세대를 자문단으로 구성한 것이 크게 눈길을 끌었는데요. 청년들의 의견을 담아 지속가능한 기업이 되겠다는 의지를 보여 준 것입니다. 그 중에서도 ㈜LG 생활건강은 '21년 다우존스 지속가능경영지수' 평가에서 국내 화장품업계최초로 'DJSI World' 지수에 4년 연속 편입되면서 주목을 받고 있다. 이 DJSI 월드 지수는 기업의 ESG 성과를 종합적으로 평가해서 발표하는 DJSI 최고 등급이라고 보시면 됩니다.

12. 그렇군요. 이렇게 여러 기업들의 ESG 경영 사례를 살펴봤는데 지속가능한 ESG를 추구하는 기업의 주요 요소사항이라고 할까요? 이 부분을 좀 마지막으로, 정리해 보면 좋을 것 같습니다.

네, ESG는 지속가능성을 추구하는 기업이라면 꼭 알아야 할 키워드이자,

MZ 세대들과의 소통을 이끌어 내는 있어 매우 중요한 요소로 꼽히고 있는데요. MZ 세대들의 마음을 얻지 못한 ESG는 실패하기 쉽습니다. 왜냐하면, 이들 세대는 사회 및 환경 문제에 더 잘 적응하고 성장하면서 직업 환경과 주변 세계에 대한 새로운 시각을 가지고 있기 때문인데요. 기업의 채용에 있어서도 이러한 점을 참고하여, 선도해 가기를 응원합니다.

Ⅴ

기후위기, ESG로 돌파하라
- 지속가능한 미래를 위한 제언

넷플릭스에서 ESG를 배운다?

1. 영화가 ESG 교과서가 될 수 있다? 투자와 기업경영 이야기에만 나오던 ESG, 이제는 스크린 속에서도 만날 수 있다고요?

네, 오늘은 영화를 통해서 다양한 ESG 관점들을 말씀드리겠습니다.

2. 영화를 통해서요?

네, ESG는 흔히 투자 개념으로 자주 설명되고 있지만, 영화나 다양한 매체를 통해서도 그 영향력을 확인할 수 있는데요. 이런 창작의 세계에서 ESG와 관련한 내용들이 많은 영화에 스토리로 다뤄졌고요. 특히 기후변화, 인권, 동물복지 그리고 평등 또는 사회정의 같은 주제들이 영화 초창기부터 박스오피스 히트작으로 등장하는 주제들이었습니다.

3. 네, 영화를 통해서 ESG를 바라보는 여러 가지 다른 관점을 살펴볼 수 있다. 이런 말씀이신 것 같네요.

네, 그렇습니다. ESG와 관련한 스토리 구성으로 2024년 청룡의 해에 추천드릴 몇 개 영화를 말씀드리겠습니다. 특히 환경과 관련된 영화는 산림 벌채나 환경오염 그리고 기후변화와 같은 인간의 활동들이 환경에 미치는 영향을 보여 주고 있죠.

4. ESG 관련해서 오늘 함께 이야기를 나눠 보면서도 또 영화 이야기를 좀 나눌 수 있는 시간이 될 것 같은데, 어떤 영화들인가요? 교수님.

먼저 엘 고어(Al Gore)의 주연 작품인 2006년에 만들어진 다큐멘터리 〈불편한 진실〉인데요. 이분이 오랫동안 환경운동가로서 1993년부터 2001년까지 클린턴 정부에서 미국 부통령으로 있으면서 환경 문제에 집중한 인물입니다. 이 영화는 기후변화의 위험성에 대해서 관객들에게

자료: EcoJungle Instagram

알리면서 세계적으로 아주 유명한 다큐였죠. 이 영화의 경우 많은 양의 과학적 증거를 토대로 재생에너지에 투자하고 그리고 친환경적인 라이프 스타일을 추구해야 한다는 설득력 있는 주장들을 제시하고 있습니다. 이 영화 〈불편한 진실〉의 메시지는 2006년도와 마찬가지로 지금 현재 2024년에도 신선합니다. 우리 지구가 지금 급박한 기후위기에 직면해 있어서 기업과 사람 모두 변화를 가져와야 하는 이런 환경 문제와 이에 대응하는 해결책에 대해서 깊은 통찰력을 제공하고 있다고 보여집니다.

5. 지금 봐도 여전히 불편한 진실들을 영화를 통해서 확인을 할 수 있는 거죠. 그리고 환경뿐만 아니라 영화를 보면 ESG 가운데에 사회 문제들을 자주 다루기도 하잖아요. 공정한 노동 기준이나 근로자 처우 이런 부분에 대해서 영화를 통해서 또 그 중요성을 우리가 깨달아가게 되기도 해요.

네, 맞습니다. 인권이나 다양성, 포용성 그리고 노동의 관행이라든지. 지역사회 개발과 같은 이런 사회 문제들에 대한 주제들을 새로운 관점으로 바라볼 수 있겠죠. 예를 들어서 2000년에 나온 〈에린 브로코비치(Erin Brockovich)〉라는 영화인데요. 1993년 미국 캘리포니아주에서 지하수 오염으로 인해서 발생한 힝클리 크롬(Hinkley Chrome)이라는 사건을 소재로 한 영화인데요. 이 작은 소도시 힝클리에서 전기와 가스를 공급하는 회사를 상대로 이 회사에서 방출한 냉각수가 심각한 발암성 오염수라고 폭로한 여성의 실화를 바탕으로 한 영화입니다.

6. 네, 이 힝클리 크롬의 수질 오염 이야기가 강력한 선례가 되기도 했죠.

네, 수억 갤런의 크롬으로 오염된 냉각수를 무분별하게 버리면서 그 결과로 힝클리 지역 주민들이 암을 비롯해서 각종 질병에 시달리게 되었죠. 이 작은 시골 마을에서 벌어지는 이상한 일에 아무도 관심을 갖지 않았는데요. 실제 주인공인 브로코비치가 이 회사를 상대로 미국 역사상 최대 규모의 손해배상 소송을 하면서 주민들이 1억 3,360만 달러(약 1,757억 원) 정도의 보상을 받았죠. 이런 힝클리 크롬 수질오염 이야기가 강력한 선례가 됐는데요. 환경법을 어기면 재정적으로도, 평판도 그렇고 도덕적으로 치명적인 결과를 초래할 수 있다는 사실들을 영화를 통해서 확인할 수 있습니다.

자료: Wikipedia

7. 네, 이건 영화 이야기는 아니지만, 우리나라 같은 경우, 전북 익산의 장점마을에 집단 암 발생이 나타난 적이 있었잖아요.

네, 그랬었죠. 장점 마을 주민들이 지난 2017년 4월에 인근 비료공장으로 인해 건강에 문제가 생겼으니까 그 영향을 파악해 달라고 정부에 청원하면서 시작됐는데요. 2019년 환경부가 조사한 결과에 따르면, 이 마을 주민들에게 집단적으로 발생한 피부암이나 담낭암 같은 암들이 인근 비료공장 사업장 내부와 장점 마을 주택에서 발암물질로 알려진 다환방향족탄화수소(PAHs)류와 담배 특이 니트로사민(Nitrosamine, TSNAs)이 검출됐다고 밝혔죠.

  이름도 생소하고 어려운데요. 이건 국제암연구소에서 1급 발암물질로 지정한 유해 물질이고요. 국립환경과학원에 따르면 실제로 2001년 비료 공장이 설립된 이후 2017년 말 기준으로 주민 99명 중에서 22명이 암이 확인되었다고 밝혔습니다.

  최근에 이 장점 마을 주민과 시민사회단체들이 익산시와 전북도를 상대로 국가배상청구소송에서 일부 승소한 사실이 있는데요. 비료공장 일부를 남겨 두고 안전 사회 실현을 위해서 기억 공간으로 만들자는 논의가 현재 진행되고 있고요. 2024년 올해까지 이 마을을 인간과 자연이 공존하는 숲 체험과 치유 거점으로 조성해서 오염 피해 지역의 생태를 복원시킬 계획이 있다고 합니다.

자료: 전북노컷뉴스, 익산 장점마을 비료공장 내 버려진 불법 폐기물

8. 그렇군요. 오늘 이 시간 영화를 통해서 다양한 ESG 관점을 바라보고 있습니다. 그리고 이제 ESG 핵심 원칙인 윤리적인 비즈니스 관행, 기업의 거버넌스, 즉 리더와 조직의 핵심을 조명할 수 있는 그런 영화들도 좀 소개를 해 주실까요?

네, 그런 영화가 있는데요. 2005년에 공개된 〈땡큐 포 스모킹(Thank You for Smoking)〉이라는 영화인데요. 번역하자면 '흡연해 주셔서 감사합니다'라는 재미있는 소재인데요. 흡연이 폐 질환과 연관성이 높다고 하는 담배 반대 마케팅에 대해서 확산되는 것을 막는 일을 하는 대형 담배회사의 대변인이자 로비스트를 풍자한 코미디 영화입니다. 그런데 이 로비스트가 결국에는 그 담

자료: Wikipedia

배 반대론자들을 침묵시켜야겠다는 생각과 목표로 부패와 뇌물수수까지 저지르게 되는데요. 이 영화의 재미있는 대사 중에 이런 내용이 있습니다. 미국의 사망 원인 1위는 콜레스테롤인데 그 주범인 치즈에는 왜 경고가 안 붙고, 담배만 붙어야 하는가? 그리고 아이들에게 담배를 못 피우게 하겠지만, 18세가 돼서 꼭 담배를 피우겠다면, 첫 담배를 사 주고 싶다. 이런 담배 유해성 표시를 해야 되느냐 말아야 하느냐에 대한 공청회에서 담배를 옹호하는 대사가 상당히 인상 깊었죠.

9. 이 영화를 통해서 이제 기업의 정보 공개와 책임감이 상당히 중요하다

는 것을 알게 해 주는 것 같네요.

네, 그렇습니다. 이 영화 〈흡연해 주셔서 감사합니다〉는 기업의 투명한 정보 공개와 사회적 책임의 중요성을 보여 주고 있는데요. 기업의 지배구조와 조직 내의 윤리적 행동들, 두 개 다 핵심 ESG 원칙인데요. 다양한 부문에 걸쳐서 점점 더 규제화 되고 있다는 것을 흔히 찾아볼 수 있겠습니다.

10. 이런 영화들만 봐도 세계적인 투자자들이 ESG 관점에서 투자 결정이 이뤄지고 있는데, ESG 경영이 구축되지 않으면 기업도 이젠 살아남기 힘든 그런 시대가 온 것 같습니다.

네, 그렇죠. 이제 ESG 경영이 구축되지 않으면 자금이 투입되지 않을 수 있는데요. ESG 때문에 밥줄이 끊길 수도 있다는 의미가 될 수도 있습니다. 예를 들어 세계적인 공적 연기금이죠. 네덜란드 APG 경우도 담배와 무기를 제조하는 기업에 대해서 투자를 배제하겠다면서 ESG 요소를 투자 의사 결정에 적용한 사례가 있었고요. 대표적인 담배와 관련된 우리나라 기업들 4곳도 네덜란드 APG로부터서 투자를 받을 수 없게 됐었습니다.

특히 담배수출로 매년 1조 원을 벌어들이고 있는 세계 5위 글로벌 담배 회사죠. 우리나라 KT&G 공사의 경우도 노르웨이 GPSG라는 국부펀드 그리고 스웨덴 SEB 글로벌 금융회사 그리고 호주의 AMP 캐피털 등과 같은 8곳의 투자기관으로부터 투자가 배제된 것으로 밝혀졌고요. 그리고 세계적인 큰손 연기금 중의 하나인 우리나라 국민연금도 ESG 평가 강화에 나섰는데요. 국내에서도 국민연금, 사학연금, 공무원 연금과 같은 국내 3대

연기금이 앞장서서 책임 투자를 확대해 나가고 있는 상황입니다.

11. 오늘 3편의 영화 소개를 해 주셨습니다. 〈불편한 진실〉, 〈에린 브로코비치〉 그리고 〈땡큐 포 스모킹〉 이렇게 3편의 영화 소개를 해 주셨는데, 여전히 환경 사회 지배구조의 문제가 남아 있는 상황이잖아요. 이런 상황에서 오늘 소개해 주신 이 영화들의 영향력은 계속 미칠 것 같습니다. 마지막으로, 정리 한 말씀 부탁드립니다.

이 영화들이 나왔을 당시에는 ESG라는 용어가 흔히 사용되거나 존재하지 않았는데요. 그렇지만 이제 영화에서 부패나 탐욕이나 착취에 대한 묘사들이 우리 사회의 분열적인 영향을 미침으로써 이런 영화들을 통해서 우리가 왜 올바른 기업의 지배구조가 필수적인지를 잘 보여 주고 있다는 생각입니다.

요약해서 말씀드리면, 이런 ESG 관련 문제들을 소개하면서 사회적 책임과 지속가능한 비즈니스 관행에 대한 중요성을 인식시키고, 영화라는 플랫폼을 통해서 우리가 확인할 수 있겠고요. 이런 영화를 통해서 ESG 관점의 인식도 높이고, 이런 주제들에 대한 토론을 또 촉진할 수 있겠습니다. 관객들이 단순히 투자 개념뿐만이 아니라 일상에서도 의사결정과 이런 원칙을 준수하는 기업들에 대한 지원에서도 ESG 요소들을 고려하도록 영감을 줄 수 있다고 생각됩니다.

그리고 여전히 환경과 사회 그리고 올바른 경영과 같은 문제가 남아 있는 상황에서 이런 주제들을 다루고 있는 영화들의 영향력은 지속적으로 미칠 것 같습니다.

12. 관심 있으신 분들은 오늘 교수님이 소개해 주신 영화 1편씩 이어서 보시는 것도 좋을 것 같습니다. 네, 오늘 말씀 고맙습니다.

공기 중에서 탄소를 빨아들인다: 탄소포집기술의 모든 것

1. 공기청정기처럼, 공장에서 나온 탄소를 빨아들여서 없애 버릴 수 있다면… 교수님, 이게 더 이상 상상이 아니라 현실이 되어 가고 있다고요?

오늘은 여름에 폭염이나 겨울에 한파 그리고 극심한 가뭄과 같은 기후위기 시대에 전 세계적으로 피해가 현실화되고 있는 상황인데요. 이런 가운데 최악의 사태를 피하기 위해서 필수적인 탄소포집 기술에 대해서 설명을 드리겠습니다.

2. 이제 지구온난화가 점점 더 가속화되면서 탄소포집 기술이 굉장히 세계적으로 주목을 받고 있다는 얘기를 들었습니다. 먼저 정확하게 탄소포집 기술이라는 것이 어떤 것인지 설명을 좀 부탁드릴게요.

네, 간략하게 설명을 드리면, 일반적으로 CCUS(Carbon Capture, Utilization and Storage)라고 하고요. 탄소포집, 활용, 저장의 약자로 대기 중이나 산업 공정 과정에서 배출되는 가스에 포함되어 있는 이산화탄소(CO_2)를 골라서 모은 뒤에 이를 산업적으로 활용하거나 안전하게 장기간 저장하는 기술을 의미합니다. 지구 온난화를 2℃ 이하로 유지하기 위해서 이산화탄소를 효과적으로 제거하고 저장하는 것이 굉장히 중요한데요.

미국 위스콘신 메디슨 대학의 그레고리 네메트(Gregory Nemet) 교수가 지난해 11월 발표한 연구에 따르면 온난화를 2.0에서 1.5℃ 아래로 제한하는 파리기후협정(Paris Climate Agreement) 목표를 달성하기 위해서는 향후 한 세기 동안 약 수백 기가 톤의 이산화탄소를 공기 중에서 제거해야 한다면서 탄소포집 기술의 필요성을 강조한 바 있습니다.[15]

다시 말해서 이 프로세스는 이산화탄소가 지구온난화와 기후변화의 주요 원인 중의 하나이기 때문에 탄소 포집기술은 이산화탄소를 대기로 배출하기 전에 포집해서 이산화탄소 배출을 줄이는 방법이라고 하겠습니다.

3. 그렇군요. 그러면 이 탄소포집 기술을 구체적으로 어떻게 구분을 할 수 있는 건가요?

네, 먼저 탄소 배출원에서부터 탄소 포집을 하는데요. 예를 들어, 화석연료발전소 같은 대규모 배출원에서 이산화탄소를 포집하는 것입니다. 그리고 이를 다시 파이프라인이나 배를 통해서 운송하고 저장고로 옮기는 과정이죠. 그리고 다음으로, 대기 중에 이산화탄소를 직접 포집하는

---

15) 2016년에 체결된 '파리협정(Paris Climate Agreement)'은 지구온난화를 방지하기 위해 온실가스를 줄이자는 전 지구적인 협약으로 국제사회가 함께 협력해서 노력하는 최초의 기후 합의다. 이 협정은 종료 시점이 없는 협약으로써 지구의 평균 온도가 산업화 이전에 비해 2도 이상 상승하지 않도록 하고 최종적으로 모든 국가들이 이산화탄소 순 배출량을 0을 목표로 자체적으로 온실가스 배출 목표를 정하고 실천하는 협약이다.

방법이 있고요. 그리고 산림 조성과 같이 나무를 심는 것과 같은 이런 자연적인 방법도 일부 효과적이라고 할 수 있습니다. 하지만 장기적으로는 기술적인 해결책이 필요합니다.

4. 그렇군요. 해외 탄소포집 기술은 어떻게 활용이 되고 있는지 그것도 좀 궁금한데요.

네, 최근 미국에서 탄소포집 기술에 관해서 다양한 법안들이 발의되었는데요. 이런 법안들을 살펴보면 기후변화 대응을 위해서 이산화탄소를 포집하고 제어하는데 필요한 인프라를 구축하고자 하는 목적으로 제정되고 있고요. 지난 12일이죠. 미국 에너지부가 대기 중에 탄소제거기술(CDR) 프로젝트의 최대 1억 달러(한화 약 1,338억)의 예산을 지원하겠다고 발표했는데요.

이번 자금 지원이 2021년 미국 에너지부가 발표했던 탄소 네거티브 샷 이니셔티브의 일환이라고 밝혔습니다. 이 이니셔티브는 기가 톤 규모의 이산화탄소 포집이 가능한 탄소 제거 솔루션을 개발해서 톤당 100달러 미만으로 최소 10억 미터 톤의 이산화탄소 포집 기술을 개발하는 것으로 목표를 두고 있습니다.

5. 어쨌든 이 탄소포집 기술이 상당히 각광받고 있다는 것을 말씀해 주신 내용들을 통해서 알 수 있을 것 같은데, 다른 국가들은 또 어떤 방법으로 탄소포집 기술을 사용하고 있는지 궁금해요.

네, 유럽연합(EU)의 탄소중립산업법도 탄소포집 기술을 전략적 기술로 선정하고 이를 통해서 산업을 유치하기 위해서 노력을 하고 있는 중에 있고요. 아이슬란드 경우에는 대기 중에 이산화탄소를 직접 빨아들이는 직접 대기 포획(CAC) 플랜트를 활용하는 기술을 사용하고 있고요. 캐나다 경우에는 화석연료발전소와 같은 대규모 배출원에서 이산화탄소를 포집하고 저장하는 기술과 방안들을 연구하고 적용하고 있는 상황입니다. 그리고 호주의 경우도 이산화탄소를 포집하고 저장하는 인프라를 구축하는 방안을 검토하고 있고요. 이에 대한 기술 연구를 진행 중에 있습니다.

6. 그러면 우리나라는 탄소포집 관련해서 기술력이나 정책은 지금 어느 정도 와 있는 건가요?

네, 지난 2월 6일에 이산화탄소 포집 수송 저장 및 활용에 관한 법률(CCUS법)이 공포됨에 따라서 기업들의 관심이 높아지고 있습니다. 최근에 산업통상부가 기업과 지방정부 관계자들과 소통의 자리를 마련하고 이런 '이산화탄소포집법'에 대한 주요 설명 내용들을 설명했고요. 기업들에게 지원하는 방안을 담은 하위 법령의 재정 방향이나 향후 계획들을 같이 공유를 했습니다. 그리고 기업과 지방 정부들이 법 제정에 따른 기대와 정부 지원의 필요성에 대해서 다양한 의견들을 제시했습니다.

한국서부발전, 한국석유공사, SK E&S, 충북도 이런 기관들이 참여해서 정부 주도의 적극적인 국제적 협력 지원의 필요성과 집적화 단지 지원과 관련해서 구체적인 사항을 하위 법령에 명시할 필요가 있다는 내용을 제안했습니다.

7. 이 탄소포집 기술 관련해서 어떤 문제점이랄지 또 단점으로 지적되고 있는 그런 부분은 없을까요?

물론 있는데요. 먼저 비용적인 측면에서 기술 구현이나 운영에서 상당한 비용이 들고요. 그리고 이산화탄소를 포집하는 과정에서도 에너지를 소비하니까 이 과정이 친환경적이지 않을 수 있습니다. 따라서 지속가능한 방법으로 이산화탄소를 저장하고 활용하는 방안들이 검토되어야 하는 그런 과제가 있습니다.

8. 탄소포집 기술이 기후변화 대응을 위한 중요한 도구 중의 하나이긴 하지만 충분한지 그 부분에 대한 의견도 좀 분분할 것 같은데, 마지막으로, 정리 말씀 부탁드립니다.

여러 국가들이 탄소포집 기술을 통해서 지구 온난화를 완화하고 탄소중립을 향한 길을 모색하고 있는데요. 그런데 탄소포집 기술이 여전히 논란의 여지가 있고, 특히 기후 운동가들은 탄소포집기술이 환경 문제를 궁극적으로 해결할 수 있는지에 대한 의문을 제기하기도 하는데요. 하지만 기후변화에 대응하기 위해서는 다양한 방법을 종합적으로 활용해야 된다고 봅니다.

따라서 탄소포집 기술이 궁극적으로 탄소 중립을 향한 불가피한 해결책 중의 하나로 간주되어야 하고 환경보호와 에너지 전환을 함께 고려해야 된다고 생각합니다. 또 탄소포집 기술이 발전함에 따라서 기후변화를 완화시키고 에너지 생산 혁신이라든지, 환경보호 산업 부분에서의 혁신 그리고 이것을 통해서 일자리를 창출한다든지 국제적 협력을 통해서 우리 사회와 환경적인 변화를 촉진할 것으로 기대되는데요.

따라서 많은 도전 과제도 존재하지만 이러한 도전을 극복하기 위해서는 지속적인 연구와 투자와 협력이 필요하다고 생각합니다.

9. 마지막으로, 한 가지만 더 여쭤 볼게요. 그러면 이렇게 포집한 탄소들은 어떻게 활용이 되는지 그 부분에 대한 것들도 좀 구체적으로 나와 있는 건가요? 아니면 더 논의가 필요한 건가요?

그것에 대한 추가적인 연구도 진행 중에 있고요. 이런 것들도 다 비용을 수반하고 있기 때문에 비용을 절감시킬 수 있는 기술 혁신이라든지. 또 저장하는 과정에서 문제점이 없는지 이런 것들을 면밀하게 검토하고 있는 중에 있습니다.

기후위기 vs. 표심: 정치가 ESG를 흔든다

1. 기후위기를 막느냐? 표심을 얻느냐? 기후위기 대응이 전 세계적 과제가 된 지금, 정치권에서는 오히려 탄소 감축 정책이 후퇴하고 있다는 우려가 커지고 있다고요?

네, 오늘은 ESG 흐름 속에서 정치가 어떻게 영향을 미치는지에 대해서 말씀드리겠습니다.

2. ESG와 정치의 어떤 관련성에 대해서 이야기를 좀 나눠 보는군요.

네, ESG 이슈들과 정치는 늘 상호작용하면서 변화하고 있는데요. 이들 관계들에 있어서 다양한 관점들을 살펴볼 필요가 있겠습니다. 2024년 올해는 전 세계적으로 중요한 선거가 있는 해죠. 미국에서는 11월에 현직 대통령인 바이든과 그리고 전직 대통령인 트럼프의 리턴 매치인 대선이 있습니다.[16]

---

16) 조 바이든 미국 대통령이 2024년 7월 21일 현지시간 민주당 대선 후보직에서 전격 사퇴하면서 해리스 부통령에 후보직을 양보했다.

3. 네, 그렇죠.

유럽에서는 6월에 EU 의회 선거가 있고요. 그리고 우리나라는 얼마 남지 않았죠. 4월 달에 총선이 예정되어 있는데요. 이들 선거 결과에 따라서 기후변화 관련 정책들이 달라질 가능성이 있고요. 결국 이것은 ESG 정책에도 영향을 미칠 수 있다는 것입니다.

4. 지난 2022년 우리나라 대선 때도 생각을 해 보면 왜 'RE100'이나 '원전 문제' 같은 이야기들도 상당히 화두였고 그리고 미국 바이든 대통령 경우에도 처음으로 거부권을 행사한 이슈가 ESG 관련한 내용이었잖아요. 이런 것과 연결해서 생각을 해 보면 되겠네요. 미국 대선 관련해서 이야기를 해 주셨는데 11월에 말씀하신 것처럼 미국의 대선이 있습니다. 관련해서 미국의 ESG 움직임은 좀 어떻습니까?

가장 주목을 끄는 것은 미국 보수 공화당의 트럼프 전 대통령의 복귀 가능성과 관련해서 현재 바이든 행정부의 기후정책을 뒤집는 '프로젝트 2025'를 제정할 가능성이 굉장히 큰데요.[17] 지난 한 해 미국에서 약 165개

---

17) 트럼프 대통령은 2025년 1월 20일 취임 후, 첫 주에 지구의 기후와 환경에 영향을 미치는 여러 행정 명령을 쏟아냈다. 가장 주목할 만한 움직임은 다음과 같다. 첫째, 미국을 파리협정에서 탈퇴시켰다. 둘째, 국가 에너지 비상사태를 선포하면서 석유·가스 투자를 두 배로 확대시켰다. 셋째, 에너지 비상사태를 선언하는 명령의 한 부분에서 '멸종위기 종 보호법'이 에너지 개발의 장애물이 될 수 없다고 명시되어 있다. 넷째, 바이든의 전기차 의무화 목표를 철회했다. 다섯째, 환경 정의를 위한 수십 년간의 진전을 후퇴시켰다.

정도의 ESG를 반대하는 '안티 ESG(Anti-ESG) 법안'이 발의되었고요. 이런 논쟁으로 법원에서 판단하는 상황까지 이어지고 있습니다. 그리고 최근 미국 공화당을 중심으로 해서 안티 ESG 또는 '깨어 있는 자본주의'에 반대되는 개념인 안티 워크, Anti-Woke(Anti-Woke Capitalism) 바람이 불고 있고요. 공화당에서는 기후변화나 성 소수자 보호 같은 ESG 이슈들을 지지하거나 ESG 투자나 경영에 나서는 기업들을 깨어 있는 척 하는 자본가로 규정하고 비판하고 있는 상황입니다.

그리고 ESG 붐을 전 세계적으로 일으킨 세계 최대 자산운용인 블랙록(BlackRock)의 레리핑크(Larry Fink) 회장 경우에는 공화당이 다수로 장악하고 있는 하원의회 청문회 몇 차례 불려나가서 곤욕을 치르기도 했었습니다.

5. 그런데 안티 ESG 법안이 지난 한 해에 165개라고 하니까 생각보다 굉장히 많네요. 이렇게 공화당의 반 ESG 또는 안티 ESG 정책에 가장 큰 문제점은 뭘까요? 교수님.

ESG 핵심이라고 할 수 있는 기후변화로 인해서 발생하는 피해와 기회 상실이라고 할 수가 있는데요. 백악관 분석에 의하면 기후위기 대응을 위한 2022년 인플레이션감축법(IRA)이죠. 그 IRA 시행으로 인해서 경제적 혜택 대부분은 공화당 지역 이른바 레드 스테이트(Red States) 지역을 대표하는 빨간 주들에 집중될 것으로 전망하고 있습니다.

6. 공화당을 지지하는 그런 주들이 인플레이션 감축법이나 기후변화 대

응 의료비 지원 이런 내용들이 좀 담겨 있는데, 인플레이션 감축법으로 인한 규모는 그럼 어느 정도라고 봐야 되는 건가요?

말씀드렸던 레드 스테이트 공화당의 대표 지역인 텍사스, 플로리다, 아이오와 주에 예상되는 재생에너지 투자금이 각각 텍사스에는 655억 달러 플로리다에는 627억 달러 아이오와 주에는 245억 달러인데 반해서 블루 스테이트(Blue States) 그러니까 민주당 지지 지역 가운데 가장 큰 규모로 뉴욕 주와 캘리포니아 주를 꼽을 수가 있는데요. 예상 투자금이 뉴욕 주는 349억 달러, 캘리포니아 주는 212억 달러로 공화당 지역인 레드 스테이트 지역에 비교해서 규모가 차이가 많이 나죠.

지역	재생에너지 예상 투자금(달러)
텍사스(공화당)	655억
플로리다(공화당)	627억
아이오와(공화당)	245억
뉴욕(민주당)	349억
캘리포니아(민주당)	212억

7. 굉장히 차이가 많이 나는데 왜 이렇게 차이가 나는 건가요? 교수님.

기후변화 관련해서 정책들이 강화되고 있다는 것이고요. 이런 기업들의 활동이 늘어날수록 태양과 바람이 굉장히 풍부한 중남부 지역으로 투자가 몰리는 것이 당연한 결과겠죠.

8. 그런데 지금 미국 중남부 지역이 이상기후 때문에 굉장히 피해가 크잖아요. 최근 뉴스를 보더라도 허리케인 급의 그런 폭풍우가 심하게 분다고 하고, 지난여름에도 40°C가 훌쩍 넘는 폭염 때문에 심각하게 고생을 했는데, 이렇게 기후변화가 ESG에 미치는 영향이라고 하면 어떤 것들이 있을까요?

네, 이미 이들 지역에는 기후변화로 인해서 심각한 큰 피해를 받고 있는데요. 뉴욕타임스 보도에 따르면 현재 수준의 온실가스 배출이 지속된다면 텍사스나 플로리다 같은 미국의 중남부 지역에서 해수면 상승과 허리케인이 심화되고 고온 현상으로 인해서 2100년까지 연평균 GDP의 10~20% 정도의 손실이 발생할 것으로 예상했습니다. 기후변화로 가장 큰 피해를 입고, 기후변화 대응을 위한 활동으로 가장 큰 수혜를 입고 있는 공화당 지역의 정치인들이 오히려 ESG에 적극적으로 나서는 기업들과 금융기관을 막는 것이 쉽게 이해하기는 어렵죠.

9. 그러니까요? 미국이라는 나라 전체로 범위를 좀 넓혀서 생각을 해 봐도 이 안티 ESG 정책이라는 것이 경제적으로 그렇게 전혀 득이 될 것이 없다는 생각이 드는데 어떻습니까?

네, 맞습니다. 한국과 마찬가지로 항상 여당과 야당 간의 심각한 대립을 보이는 미국 정치에서도 서로 이해관계가 딱 맞아떨어지는 지점이 있는데요. 그것이 바로 중국과의 패권 경쟁입니다. 현재 최고조에 달하고 있는 대 중국 무역전쟁을 본격적으로 시작한 것은 2018년 트럼프 행정부 시기(트럼프 1.0 시대)이기도 한데요. 하지만 아무리 강대국이라도 상대방 국가를 제재하기 위해서는 명분이 필요하겠죠. 그래서 상대적으로 환경이나 인권, 안전 그리고 기업의 지배구조 수준이 낮은 중국 기업들을 견제하기에는 ESG가 그야말로 안성맞춤의 명분을 제공할 수 있습니다. 최근에 중국을 견제하기 위해서 중국 신장 위구르 지역의 수입 금지 조치 일환도 어떻게 보면 미국에서는 인권 보호를 명분으로 내세웠다고 할 수가 있겠죠.[18]

10. 그렇다면 유럽연합(EU)은 이 반-ESG 관련해서 어떤 움직임이 나타나고 있는지 이 부분도 좀 궁금한데요.

네, 미국과 마찬가지로 EU에서도 친환경 정책에 반대하는 움직임들이 커지고 있는데요. 특히 탈원전과 태양광 보급에 앞장섰던 나라인 독일의 경우에 보수정당 '기독민주연합(CDU/CSU)'과 '대안 우파 정당 독일을 위한 대안(Alternatives for Germany: Afd)' 이런 정당들이 각각 지지율 28%와 20%를 기록하면서 정당 선호도 1위를 차지했었습니다. 그러니까 이들 정당들이 주장하는 것이 탈원전 폐기라든지 인간 활동에 의한 기후변화를 부정하고 그리고 화석연료 사용으로 다시 돌아 가자라고 강력하게 강

---

18) 2021. 7. 미국 상원이 중국 신장에서 생산된 재화의 수입을 금지하는 법안을 통과시켰다. 중국이 신장 위구르 지역의 소수민족인 위구르족을 탄압하고 있다는 의혹에 대한 항의 차원의 조치였다. 통과된 '위구르 강제노역 예방 법안'은 특별한 추가 입증이 없을 경우 신장에서 만들어진 제품들은 강제 노역을 통해서 생산된 것으로 간주한다는 내용이다. 이전에 미국은 신장에서 재배한 면화와 토마토 수입을 금지한 상황이다. 중국 신장 지역은 면화의 85%가 생산되는 세계 5위 면 생산지이다.

조하고 있습니다. 네덜란드의 경우는 정부의 질소산화물 규제를 반대해서 농민들이 주축이 된 '농민-시민운동(Farmer-Citizen Movement-BBB)' 당이 창당돼서 2023년 작년 지방선거에서 압승을 거뒀습니다.

영국의 경우도 마찬가지로 2030년까지 내연기관 차량 판매 금지를 선언했었는데요. 친환경으로 전환하는 데 소요되는 경제적 비용이 부담스럽다는 이유로 이런 금지 시점을 2035년으로 연기했었죠.

11. 그렇군요. 마지막으로, 이제 ESG를 제대로 정착하기 위해서 뭔가 제도적인 장치와 또 우리 정치의 역할도 상당히 중요하다는 생각이 드는데요. 마무리 말씀을 좀 부탁드립니다. 교수님.

네, 이런 ESG 정치화 흐름에도 불구하고, 투자자나 산업계의 관심은 여전히 진행 중이면서 확장되고 있고요. ESG가 멈췄다고 보기는 어려운 상황입니다. 우리 사회에 자본주의가 제대로 작동하기 위해서는 시장 참여자들의 이익 추구에 대한 의지도 굉장히 중요하겠고, 더불어서 공정하고 안정된 시장 질서를 유지하기 위해서는 다양한 제도 장치가 필요할 것으로 생각됩니다.

ESG도 마찬가지로 ESG 자본주의가 바로 서기 위해서는 이에 따른 제도적 장치가 필요할 것인데요. 우리 사회에서도 기후변화나 양극화, 노동자 권리, 양성평등과 다양성·포용성 여러 가지 문제들이 많이 있는데요. ESG라고 하는 수단을 활용해서 문제를 해결할 수 있을 것이고요.

특히나 2025년은 우리나라에 중요한 해입니다. 5월 또는 6월 조기대선의 상황이 다가오고 있습니다. 정치적 이익을 위한 소모적 논쟁이 아니라 우리 사회 최고의 선을 만들어내는 그런 발전적 정치 논의를 기대하면서, 그 중심에 ESG 논의가 활발했으면 좋겠다는 생각입니다.

에필로그

　기후위기와 ESG, 그리고 지속가능성을 주제로 한 이 책의 마지막 장을 넘기며 우리는 모두 각자의 자리에서 같은 질문을 다시 마주하게 된다. 우리의 미래는 과연 안전한가?

　책의 처음에서 던졌던 이 물음은, 이제 더 이상 막연한 우려가 아니다. 난기류로 흔들리는 비행기, 대왕고래가 보내는 신호, 기후변화로 폭등한 식탁 물가, 탄소국경세와 무역장벽으로 긴장하는 기업들, 그리고 탄소 감축 성적표 앞에 선 반도체 산업까지, 우리는 이미 변화의 중심에 서 있다.

　ESG는 유행이 아니다. 생존의 조건이자, 우리가 미래세대에 건네 줄 수 있는 최소한의 약속이다. 기업들은 이제 기후 리스크를 경영전략에 반영하지 않으면 글로벌 공급망에서 배제되고, 투자 시장에서도 외면 받는다. 시민들의 일상 역시 변하고 있다. 소비자들은 착한 소비와 가치소비를 실천하며 기업들에게 더 나은 변화를 요구한다. 미래세대는 기후소송을 통해 국가와 기업을 향해 책임을 묻고 있다.

　그러나 변화는 쉽지 않다. 트럼프 미국 대통령의 자동차, 철강, 반도체 고율 관세 부과 가능성은 우리 수출 기업에 또 다른 위협으로 다가오고 있다.

기후위기에 따른 탄소 감축 의무와 무역장벽이라는 이중고 속에서 우리 기업들이 길을 잃지 않기 위해서는 ESG 경영이 더 단단히 뿌리 내려야 한다.

더욱이 최근 한국 사회는 12.3 계엄사태로 혼란을 겪었고, 새로운 정부가 들어서는 전환기에 서 있다. 이러한 때일수록 ESG, 기후변화 대응, 지속가능성에 대한 정책적 방향성이 흔들림 없이 명확히 설정되어야 한다. 국가 정책이 안정적으로 추진되기 위해서는 시민들의 목소리에 더욱 귀 기울이고, 이들의 참여와 감시가 정책 형성 과정에 반영되어야 한다.

국제적으로도 미국 트럼프 행정부의 반(反) 기후 행동과 보호무역주의 정책이 다시금 부상하고 있다. 우리는 이러한 변화에 전략적으로 대응해야 한다. 글로벌 기후협력 흐름에서 이탈하지 않으면서도, 우리 산업과 경제를 보호할 수 있는 균형 잡힌 정책이 필요하다. ESG와 기후변화 대응은 각국의 정치적 상황에 따라 흔들려서는 안 되는, 우리 모두의 지속가능한 미래를 위한 핵심 가치다.

우리는 이미 답을 알고 있다. 더 늦기 전에, 더 강한 실천이 필요하다. 탄소중립 사회로의 전환은 거스를 수 없는 흐름이다. 기업은 더 이상 비용 문제가 아닌, 생존과 성장의 전략으로 ESG를 바라봐야 한다. 시민들은 자신의 작은 선택이 기업을 바꾸고, 사회를 바꾸며, 결국 우리의 미래를 바꾼다는 사실을 잊지 말아야 한다.

이 책이 전하는 이야기, 그리고 그 이야기 뒤에 있는 수많은 사람들의 목소리가 결국 우리에게 전하는 메시지는 하나다. 우리는 각자의 자리에서, 각자의 방식으로 행동해야 한다는 것, 그 행동이 모였을 때, 우리는 기후위기를 돌파할 수 있다.

지금, 바로 여기에서 시작하자!